ERSTE AUSGABE - Veröffentlicht 2022

Extra Grafikmaterial von: www.freepik.com
Dank an: Alekksall, Starline, Pch.vector, Rawpixel.com, Vectorpocket, Dgim-studio, Upklyak, Macrovector, Stockgiu, Pikisuperstar & Freepik.com Designers

Kostenlose Online-Spiele Entdecken

Hier Erhältlich:

BestActivityBooks.com/FREEGAMES

5 TIPPS FÜR DEN ANFANG!

1) LÖSUNG DER RÄTSEL

Die Puzzles haben ein klassisches Format :

- Die Wörter sind ohne Abstand, Bindetrich usw… versteckt
- Richtung : vor-& rückwärts, auf & ab oder in der Diagonale (beider Richtungen)
- Die Wörter können übereinanderliegen oder sich kreuzen

2) AKTIVES LERNEN

Neben jedem Wort ist ein Abstand vorgesehen zum Aufschreiben der Übersetzung. Um ihre Kenntnisse zu überprüfen und zu erweitern befindet sich am Ende des Buches ein **WÖRTERBUCH**. Suchen sie die Übersetzungen, schreiben sie sie auf, dann können sie sie in den. Puzzles suchen und ihrem Wortschatz hinzufügen.

3) ANZEICHNUNG DER WÖRTER

Haben sie schon einmal versucht eine Anzeichnung zu verwenden? Sie könnten zum Beispiel die Wörter, die schwer zu finden sind, ankreuzen, die Wörter, die sie lieben, mit einem Stern, neue Wörter mit einem Dreieck, seltene Wörter mit einem Diamant usw … anzeichnen

4) IHR LERNEN ORGANISIEREN

Am Ende dieser Ausgabe bieten wir auch ein praktisches **NOTIZBUCH** an. Ob im Urlaub, auf Reisen oder zu Hause, sie können ihr neues Wissen ganz einfach organisieren, ohne ein zweites Notizbuch zu benötigen!

5) SIND SIE AM SCHLUSS ?

Gehen sie zum Bonusbereich : **MONSTER-HERAUSFÖRDERUNG,** um ein kostenloses Spiel zu finden, das am Ende dieser Ausgabe angeboten wird !

Lust auf mehr Spaß und **Lernaktivitäten? Schnell und einfach :** eine ganze Spielbuchsammlung mit einem einzigen Klick erhaltbar :

Mit diesem Link finden sie ihre nächste Herausforderung :

BestActivityBooks.com/MeineNachsteWortsuche

Achtung, fertig, ... Los !!

Wussten sie, dass es auf der Welt ungefähr 7.000 verschiedene Sprachen gibt ? Wörter sind kostbar.

Wie lieben Sprachen und haben schwer daran gearbeitet, die Bücher von höchster Qualität für sie zu entwerfen. Unsere Zutaten ?

Eine Auswahl von angepassten Lernthemen, drei große Scheiben Spaß, dann fügen wir einen Löffel schwieriger Wörter und eine Prise seltener Wörter hinzu. Wir servieren sie mit Sorgfalt und ein Maximum an Freude, damit sie die besten Wortspiele lösen und Spaß am Lernen haben.

Ihre Meinung ist wichtig. Sie können aktiv zum Erfolg dieses Buches beitragen, indem sie uns eine Bemerkung hinterlassen. Sagen sie uns, was ihnen an dieser Ausgabe am besten gefallen hat !!

Hier ist ein kurzer Link, der sie zu ihrer Bewertungsseite führt

BestBooksActivity.com/Rezension50

Vielen Dank für ihre Hilfe und viel Spaß

Linguas Classics

1 - Gesundheit und Wellness #2

```
E E G R B C P C E I D G X I I H
N A N E I G Y H E T S L I O U D
E B Í I N Š P O R T O V É A E Y
R M M R A E T B I V H I A L X V
G H A Ó Y A T N T V N L G E N Ť
I S T L A T É I D E L N V R C S
A E I A I N S Á K I Z I R G H O
J Y V K C U A T U A A X K I U N
N O D L K Z M T P I H D O A Ť T
B U V I E W S V Ó S Z S N P C O
O S N Y F J C T F M T Ž Á S A M
B T F P N V P X R D I K P R S H
V I A C I N C O M E N A S C C F
C H O R O B A M B O S F X H U V
N L X W Z G Z D R A V Ý G U L Y
N M D C W Z I F X R I Z C V H K
```

ALERGIA
ANATÓMIA
CHUŤ
KRV
DIÉTA
ENERGIA
GENETIKA
ZDRAVÝ
HMOTNOSŤ
HYGIENA

INFEKCIA
KALÓRIE
NEMOCNICA
CHOROBA
MASÁŽ
RIZIKÁ
SPÁNOK
ŠPORTOVÉ
STRES
VITAMÍN

2 - Ozean

```
J  T  P  Z  V  R  B  A  G  T  O  O  H  E  N  W
B  V  N  H  T  B  R  F  B  S  W  S  V  L  N  Y
Y  B  D  P  G  R  O  V  L  K  W  P  P  W  H  T
N  E  W  J  V  Y  P  R  Í  L  I  V  B  B  G  Z
C  H  O  B  O  T  N  I  C  A  K  B  U  H  T  S
Ú  T  E  S  E  E  C  I  R  T  S  U  S  L  Ú  O
T  A  L  F  P  V  V  E  Ľ  R  Y  B  A  D  H  J
B  Ú  R  K  A  E  E  P  O  T  B  A  H  U  O  A
C  X  F  U  R  R  K  S  Y  X  I  J  B  L  R  K
T  U  N  I  A  K  K  O  R  Y  T  N  A  Č  K  A
F  T  Í  K  W  Z  N  C  X  S  F  O  A  D  M  Ž
I  H  F  Z  R  S  Ú  I  V  O  L  A  R  O  K  R
K  M  L  X  N  A  L  D  H  Ľ  P  M  V  D  P  A
E  F  E  G  M  X  B  O  E  E  R  Y  B  Y  U  L
O  E  D  W  B  R  K  J  Ď  M  Y  A  Y  S  Y  O
R  C  L  A  X  F  Y  H  A  Y  Y  E  A  P  K  K
```

ÚHOR	CHOBOTNICA
USTRICE	MEDÚZA
LOĎ	ÚTES
DELFÍN	SOĽ
RYBY	KORYTNAČKA
KREVETY	HUBKA
PRÍLIV	BÚRKA
ŽRALOK	TUNIAK
KORALOV	VEĽRYBA
KRAB	VLNY

3 - Krankheit

```
S  X  F  N  J  Ý  C  S  Z  Ý  B  A  L  S  E  D
N  E  M  E  E  V  A  E  J  K  X  J  O  Y  M  E
N  L  Z  U  L  I  C  K  U  C  K  K  L  D  J  D
N  X  D  R  A  L  E  R  G  I  E  O  L  G  A  I
X  R  R  O  P  Z  B  U  F  N  P  Y  S  G  H  Č
X  O  A  P  Á  A  A  Z  C  O  L  F  X  T  Z  N
J  W  V  A  Z  K  G  S  D  R  T  H  N  P  I  Ý
D  W  I  T  L  Á  W  E  M  H  B  R  U  Š  N  Ý
M  A  E  I  J  N  R  W  N  C  S  R  D  C  E  W
Ó  P  I  A  T  R  N  E  M  E  Z  S  U  Y  O  E
R  L  C  P  G  R  W  O  M  V  T  X  E  K  G  L
D  Ý  C  H  A  C  Í  X  Z  Y  Y  I  B  C  H  L
N  Z  P  T  I  R  Z  E  X  Y  G  T  C  Y  M  N
Y  I  X  E  G  Y  E  H  J  J  V  T  G  K  I  E
S  K  A  L  U  Y  N  T  Ú  K  A  O  B  A  Ý  S
R  Z  Z  O  I  M  U  N  I  T  A  O  H  S  F  S
```

BRUŠNÝ	SRDCE
AKÚTNY	IMUNITA
ALERGIE	KOSTI
NÁKAZLIVÝ	TELO
DÝCHACÍ	NEUROPATIA
CHRONICKÝ	SLABÝ
ZÁPAL	SYNDRÓM
DEDIČNÝ	TERAPIA
GENETICKÝ	WELLNESS
ZDRAVIE	

4 - Meditation

```
T  N  J  P  L  W  M  I  E  R  P  F  K  N  K  C
M  L  A  N  O  K  S  A  L  X  P  O  R  T  L  L
Y  K  S  Z  H  K  E  G  Z  T  O  H  H  C  V  B
H  I  N  R  P  L  O  V  F  L  L  W  M  Y  J  E
O  Y  O  B  E  Á  O  J  D  A  Y  N  C  E  B  P
E  W  S  K  C  S  N  S  N  D  Y  B  B  D  L  B
I  Z  Ť  B  I  K  I  Y  G  Ý  P  O  V  A  H  A
M  Y  S  E  Ľ  A  T  I  C  Ú  S  F  L  O  A  P
O  N  O  I  E  V  E  I  T  S  A  Ť  Š  I  G  O
S  L  N  T  N  O  C  K  C  U  N  N  H  Z  G  Z
A  Á  Č  A  F  S  C  M  H  H  C  U  K  H  N  O
I  T  A  J  J  Ť  Y  N  X  R  O  L  U  F  J  R
A  N  Ď  I  P  E  R  S  P  E  K  T  Í  V  A  N
J  E  V  R  S  F  L  H  U  D  B  A  C  N  B  O
V  M  C  P  X  N  M  Y  Š  L  I  E  N  K  Y  S
D  Ý  C  H  A  N  I  E  I  N  E  Č  U  G  O  Ť
```

PRIJATIE
DÝCHANIE
POZORNOSŤ
POHYB
VĎAČNOSŤ
LÁSKAVOSŤ
MIER
MYŠLIENKY
MENTÁLNY
ŠŤASTIE

JASNOSŤ
UČENIE
SÚCIT
HUDBA
POVAHA
PERSPEKTÍVA
POKOJNÝ
TICHO
MYSEĽ

5 - Archäologie

```
T  T  S  J  V  K  W  Z  S  C  L  W  L  W  R  B
A  P  U  D  I  E  P  E  F  W  H  P  N  A  O  V
J  K  U  U  T  Y  U  K  E  V  O  R  A  T  S  T
O  F  E  N  Z  I  G  D  E  O  H  B  Á  G  E  Í
M  Z  S  R  H  A  I  V  K  I  L  E  R  M  F  M
S  K  O  S  T  I  B  P  O  T  O  M  O  K  O  P
T  J  T  G  I  M  O  U  N  K  É  J  C  T  R  R
V  J  D  M  Y  J  R  G  D  A  W  R  T  Y  P  E
O  U  Y  M  G  W  H  U  O  N  H  V  A  X  P  D
A  N  A  L  Ý  Z  A  K  D  Z  U  U  Z  G  U  M
K  T  V  Ý  S  K  U  M  N  Í  K  T  Z  A  Y  E
C  I  V  I  L  I  Z  Á  C  I  A  B  Ý  N  I  T
H  O  D  N  O  T  E  N  I  E  N  L  Í  S  O  F
X  Y  J  Z  Y  Z  H  U  G  P  K  W  I  C  W  Y
K  Y  K  H  W  B  D  O  D  B  O  R  N  Í  K  O
N  E  Z  N  Á  M  Y  I  B  U  I  F  A  W  Z  F
```

ANALÝZA	TÍM
STAROVEKU	POTOMOK
HODNOTENIE	PREDMET
ÉRA	PROFESOR
ODBORNÍK	RELIKVIA
VÝSKUMNÍK	CHRÁM
FOSÍLNE	NEZNÁMY
TAJOMSTVO	ZABUDNUTÝ
HROB	CIVILIZÁCIA
KOSTI	

6 - Insekten

```
L  O  U  L  Y  O  T  V  O  Š  K  A  H  C  L  B
A  G  G  A  F  S  E  P  B  E  B  Ň  V  R  E  Č
Y  G  S  L  C  A  R  M  R  A  V  E  C  R  X  C
P  F  G  E  B  F  M  W  K  O  G  Š  H  O  A  Z
L  T  V  Č  A  S  I  T  N  A  M  R  Y  E  D  L
J  I  Š  V  Á  B  T  O  W  K  K  S  N  O  Á  P
O  E  E  N  A  G  A  V  B  L  O  T  Y  C  K  M
Y  Y  G  N  T  A  C  M  J  Y  S  F  W  F  I  N
R  N  N  Y  K  U  L  E  B  B  C  U  A  U  C  B
M  C  I  Y  V  A  I  O  G  O  H  M  Z  P  K  Y
U  B  J  C  W  A  K  O  Y  K  R  J  N  Y  C  B
M  O  T  Ý  Ľ  H  O  O  V  M  O  Z  D  S  O  F
O  W  E  M  C  J  M  F  Á  X  B  J  V  U  G  W
W  F  L  O  U  W  Á  Z  Ž  N  Á  T  T  T  I  N
A  I  V  B  X  S  R  N  K  H  K  Z  V  B  E  T
B  E  B  I  L  U  V  B  A  H  M  F  B  X  K  L
```

MRAVEC	VÁŽKA
VČELA	LIENKA
VOŠKA	MOR
BLCHA	KOMÁR
MANTIS	MOTÝĽ
KOBYLKA	TERMIT
SRŠEŇ	OSA
ŠVÁB	ČERV
CHROBÁK	CIKÁDA
LARVA	

7 - Gesundheit und Wellness #1

```
B  T  P  K  R  Z  F  G  J  Y  L  A  U  I  W  S
A  L  K  O  A  E  L  E  A  K  I  N  I  L  K  X
K  I  W  S  G  R  F  O  K  K  Y  V  Z  L  M  N
T  O  F  T  M  W  D  L  M  D  T  V  Ý  Š  K  A
É  E  E  I  J  L  M  T  E  E  C  Í  G  M  M  B
R  M  E  D  I  C  Í  N  A  X  N  C  V  H  M  Č
I  I  I  A  G  G  H  K  I  F  V  I  L  N  H  E
E  H  N  L  E  D  K  P  C  F  Í  V  N  J  Y  I
D  H  E  H  S  L  O  I  Á  P  R  U  G  A  V  L
B  D  N  S  U  T  Ž  O  X  Z  U  V  J  Y  R  K
E  K  A  K  E  N  A  O  A  R  S  O  Y  I  E  O
T  E  R  A  P  I  A  S  L  A  J  Z  L  S  N  V
S  O  Z  V  W  M  W  Ň  E  R  Á  K  E  L  P  G
N  O  W  Y  X  B  G  U  R  Z  L  V  K  B  T  N
L  E  K  Á  R  S  K  Y  P  Z  K  E  Á  G  C  V
U  X  U  X  O  C  D  G  K  W  K  G  R  P  I  I
```

AKTÍVNY	HLAD
LEKÁREŇ	KLINIKA
LEKÁR	KOSTI
BAKTÉRIE	MEDICÍNA
LIEČBA	LEKÁRSKY
RELAXÁCIA	NERVY
ZLOMENINA	REFLEX
ZVYK	TERAPIA
KOŽA	ZRANENIE
VÝŠKA	VÍRUS

8 - Obst

```
B O B U L E P W B T W Č S G P N
N O K Y G C A R T N J E L N Y C
D R O U P I P M B B F R I Y C M
C A K T F N Á H B S D E V V C B
N N O J T R J H R J B Š K I I K
Y Ž S A I E A I A O V Ň A P Z K
H O O B U Č P V N X Z A I W P L
R V V L R L I B T L I N Ó L E M
U Ý Ý K F A V O K Á D O O Y V Z
Š R K O E L U H R A M D B E I G
K Z S B P U S Z Y E E E U X G L
A G Y S A Ň Y K S O R B L N K I
N A K W R N Ó R T I C V X R I L
B S O B G S Á M G E K Z F U R E
A N A N Á S V N O M A L I N A H
K U U N P Y N I F P X U Y D E K
```

ANANÁS	ČEREŠŇA
JABLKO	KIVI
MARHULE	KOKOSOVÝ
AVOKÁDO	MELÓN
BANÁN	ORANŽOVÝ
BOBULE	PAPÁJA
HRUŠKA	BROSKYŇA
ČERNICE	SLIVKA
GRAPEFRUIT	HROZNO
MALINA	CITRÓN

9 - Universsum

```
T Z A E H T N B E Z W N B G L A
P Y G R R N O E T X G E X A A S
K O Z V G O U C J M H B V L S T
S H C L G Z O K N H A E I A T R
A R É F S I M E H U M S D X R O
P T S J J R F B A R E K I I O N
O A M B R O V N Í K S Ý T A N Ó
K R K O G H Z Z S O I K E N Ó M
S V B D S T A X V R A C Ľ S M I
E O A I I F U P F E C I N B D A
L N Y O T B É P N V I M Ý A L Z
E L P R E A S R N Z O Z V Z O L
T S I E O U Z N A B Z O M B U U
D S M T J X M E S N J K P O F P
P L U S M M F B L O G I T U D E
Y Y H A X R P A U U N X G I C E
```

ASTEROID	NEBESKÝ
ASTRONÓM	HORIZONT
ASTRONÓMIA	KOZMICKÝ
ATMOSFÉRA	LOGITUDE
EON	MESIAC
ROVNÍK	ORBITA
TMA	VIDITEĽNÝ
GALAXIA	SLNOVRAT
HEMISFÉRA	TELESKOP
NEBA	ZVEROKRUH

10 - Camping

```
H O J D A C I A S I E Ť U P H Z
C N A X L N L J G R P R O O G V
R U O U U B Y S D W K V X V Y I
V W P C K A B Í N A O A P A M E
M K D S Ú L M N A O Y Ň E H O R
F D U L B T A R T J D P G A R A
P H S E O K Z N S H X O E R T T
J C O S L P U O O S B X H Z S Á
I A M G K L O V F L E S D Z M H
R F Z D O B R O D R U Ž S T V O
H O Y E I K F W I I I T P W F K
A V M H R E O O H E Z K R E B H
F P H P X O X M M E S I A C H L
F T F I O N T J P N S B C A Z S
Z Á B A V A N Y E A N V V T H Z
P F T E O K D Z N C S V B I D Y
```

DOBRODRUŽSTVO   MAPA
STROMY   KOMPAS
VRCH   MESIAC
OHEŇ   POVAHA
HOJDACIA SIEŤ   JAZERO
KLOBÚK   LANO
HMYZ   ZÁBAVA
LOV   ZVIERATÁ
KABÍNA   LES
KANOE   STAN

11 - Zeit

```
X  G  P  I  X  D  T  Ť  S  O  N  C  Ú  D  U  B
B  O  W  L  J  E  D  E  Y  Z  O  P  R  Y  K  T
F  Y  O  D  S  B  L  J  R  T  C  S  D  C  C  G
V  A  N  I  D  O  H  S  Z  A  X  B  G  M  I  H
Č  G  Á  I  D  E  Ň  S  T  T  Z  T  L  E  I  C
E  P  R  E  D  F  E  I  Č  O  R  Ť  A  S  E  D
R  J  Á  E  U  O  D  M  Y  S  R  C  L  I  A  K
A  U  D  R  F  K  H  I  T  V  J  O  V  A  T  Y
S  P  N  S  H  H  Z  N  D  N  E  S  Č  C  V  I
W  L  E  R  O  O  B  Ú  I  M  R  W  X  I  R  A
P  Y  L  L  O  Z  U  T  D  H  F  V  J  B  E  W
D  Y  A  N  S  O  F  A  P  O  L  U  D  N  I  E
Y  C  K  L  X  F  Z  E  P  S  T  Ý  Ž  D  E  Ň
E  M  J  H  O  S  F  D  D  Y  W  X  G  A  S  J
R  O  Č  N  Ý  C  C  S  F  T  E  E  G  O  J  G
F  B  Y  L  R  O  K  T  T  B  T  V  U  K  T  J
```

VČERA	MESIAC
DNES	RÁNO
ROK	PO
STOROČIE	NOC
DESAŤROČIE	HODINA
ROČNÝ	DEŇ
TERAZ	HODINY
KALENDÁR	PRED
MINÚTA	TÝŽDEŇ
POLUDNIE	BUDÚCNOSŤ

12 - Säugetiere

```
P  A  V  Z  A  J  C  K  K  Ý  B  T  K  S  V  K
Z  U  E  O  E  N  O  L  S  O  Ž  X  Ô  N  E  L
B  O  Ľ  W  G  Z  V  V  H  E  J  I  Ň  Z  P  O
O  G  R  W  T  E  C  A  C  I  P  O  R  P  H  K
B  O  Y  O  X  R  E  G  I  T  Z  G  T  A  W  A
O  R  B  P  O  T  K  A  N  T  E  S  I  H  F  N
R  I  A  C  C  O  T  X  O  V  B  D  N  H  A  A
E  L  O  D  W  X  D  V  C  H  R  V  N  D  X  B
T  A  M  E  D  V  E  Ď  K  J  A  I  Z  J  U  H
N  O  G  L  D  V  G  L  U  B  N  B  G  U  F  L
A  E  G  S  W  K  A  X  T  L  B  U  Y  Y  M  Í
P  S  N  X  G  P  I  P  K  R  E  L  E  V  P  Š
J  K  D  N  Y  C  J  K  Z  W  G  F  Z  V  L  K
Z  V  C  J  X  N  A  K  V  Y  S  H  V  D  B  A
I  Y  G  Z  R  K  K  L  F  N  X  A  J  P  E  E
E  P  F  R  Z  H  Y  M  M  T  I  S  Y  L  F  E
```

OPICA	LEV
MEDVEĎ	PANTER
BOBOR	KÔŇ
SLON	POTKAN
LÍŠKA	OVCE
ŽIRAFA	BÝK
GORILA	TIGER
PES	VEĽRYBA
KLOKAN	VLK
KOJOT	ZEBRA

13 - Algebra

```
A B P M O K R P I I W E T R L P
C B A V W A C I T A M D S O I R
V Y R I E Š I Ť E T N D L V N E
W F I Z F K P G Č Š C P F N E M
P U M R L M L R Ú C E Ý Z I Á E
O R L F B O E N S G R N B C R N
D A O M I V M M U K O Č I E N N
Č W V B V S R O A O Z E P E Y Ý
Í S T Z L O Z L K A V N H E M O
T E S V E É L S N E S O K G X L
A C Ž G M M M Í N N B K P Z O N
N X O L L M S Č C Y Z E M A S S
I J N F A L O Š N Ý I N N A S U
E C M W L T D I A G R A M T H J
E T J H U F A K T O R P N X Y I
E X P O N E N T S H U I J N H H
```

ZLOMOK	MATICA
DIAGRAM	MNOŽSTVO
EXPONENT	NULA
FAKTOR	ČÍSLO
FALOŠNÝ	PROBLÉM
VZOREC	ODČÍTANIE
ROVNICE	SÚČET
LINEÁRNY	NEKONEČNÝ
VYRIEŠIŤ	PREMENNÝ
RIEŠENIE	

14 - Philanthropie

```
P L G B X N H K A U D D H H S X
O C O U H E H I Ť W E A E I K D
C Y Y R N F S K S A T J Z K U G
T D A R O V A Ť O T I J X P P R
I U W G S D F C R F Ó Z O I I H
V P V E A A G A D K I R L D N S
O M I S I A L Y E H Y P I J Y C
S F F V D T O V T S D U Ľ A M H
Ť O I E U I B P Š M L Á D E Ž A
K N N R Ľ N Á K O N T A K T Y R
X D A E D U L G P C I E L E K I
A Y N J P M N G W Z I T A D O T
Y O C N E O Y M A R G O R P T A
U C I O H K P O T R E B O V A Ť
G G E S V H T M B T I M B Y K M
D W L Ť F O C K R A M U U Y I E
```

POTREBOVAŤ   KONTAKTY
POCTIVOSŤ   ĽUDIA
FINANCIE   ĽUDSTVO
KOMUNITA   MISIA
HISTÓRIA   FONDY
GLOBÁLNY   CHARITA
ŠTEDROSŤ   VEREJNOSŤ
SKUPINY   PROGRAMY
MLÁDEŽ   DAROVAŤ
DETI   CIELE

15 - Diplomatie

```
O Y T K O N D M X A K S L I Z B
B A Y N R Á T I N A M U H V A E
Č T K D I J C M S I B J K M H Z
A C D A R O P K Y K Y Z A J R P
N V V G D S T A E E U C E C A E
I S U P O L I T I K A S H E N Č
A N A L N F K I N L D G I N I N
D S Z A M A E R E S Á F P A Č O
R E Y G R Z G G Š U L N P L N S
C L W X U F L E E P V C H S Ý Ť
D I P L O M A T I C K Ý H Y E U
V N V Z O N B N R J E H B V T P
K G M H M P S I B W Y Z W Ľ I G
S P R A V O D L I V O S Ť E K U
R O Z H O D N U T I E A J V A W
K O M U N I T A K O N F L I K T
```

ROZHODNUTIE	HUMANITÁRNY
ZAHRANIČNÝ	INTEGRITA
PORADCA	KONFLIKT
VEĽVYSLANEC	RIEŠENIE
OBČANIA	POLITIKA
DIPLOMATICKÝ	VLÁDA
DISKUSIA	BEZPEČNOSŤ
ETIKA	JAZYKY
KOMUNITA	ZMLUVA
SPRAVODLIVOSŤ	

16 - Astronomie

```
H M L O V I N A A P S O M Z O K
Y D O X U T Y H U N S B G Y K L
M T W R K M Ó N O R T S A R X A
W U S Í D J R E A D Z E I V H O
F Z D M U F B M D I O R E T S A
N R A S T R O N A U T V W T E X
K P L E A G J D U E D A B E N R
I O Z V E R O K R U H T A S D P
J N M H E L Z K O T K Ó U R J W
M A H É K G D T E H R R D J I P
R E Ý N T I L E T A S I B T G L
S A S R Z A A Z E J W U M P R A
M U K I Z E M M M S W M E O C N
X U J E A N S Ú H V E Z D I E É
S O H Z T C T E L E S K O P O T
X O E V V A V O N R E P U S W A
```

ASTEROID

ASTRONAUT

ASTRONÓM

ZEM

NEBA

KOMÉTA

SÚHVEZDIE

KOZMOS

METEOR

MESIAC

HMLOVINA

OBSERVATÓRIUM

PLANÉTA

RAKETA

SATELITNÝ

HVIEZDA

SUPERNOVA

TELESKOP

ZVEROKRUH

VESMÍR

17 - Ballett

```
T  P  A  K  Š  Ú  K  S  G  L  F  H  V  S  M  T
Z  Y  N  V  Í  S  E  R  P  X  E  D  C  I  K  A
Z  O  Í  D  L  C  Z  J  D  B  D  A  W  G  M  N
R  R  R  V  G  O  W  L  E  S  D  S  Ó  L  O  E
U  Z  E  C  H  H  N  Ý  Y  Y  K  M  L  G  U  Č
Č  P  L  A  H  P  O  T  L  E  S  K  F  I  M  N
N  K  A  R  H  E  T  Š  A  F  K  T  X  N  E  Í
O  H  B  R  Z  X  S  X  V  C  B  R  W  T  L  C
S  H  U  D  B  A  E  T  S  E  S  D  Y  E  E  I
Ť  A  I  F  A  R  G  O  E  R  O  H  C  N  C  A
P  U  B  L  I  K  U  M  R  R  P  T  O  Z  K  D
P  Ô  V  A  B  N  Ý  L  S  Y  V  C  K  I  Ý  F
T  E  C  H  N  I  K  A  N  B  T  I  O  T  W  X
S  K  L  A  D  A  T  E  Ľ  N  G  M  C  A  M  T
L  I  D  D  B  W  F  M  K  D  B  F  U  C  G  G
B  O  D  R  R  S  S  F  G  R  T  C  R  S  N  K
```

PÔVABNÝ	HUDBA
POTLESK	SVALY
EXPRESÍVNY	ORCHESTER
BALERÍNA	SKÚŠKA
CHOREOGRAFIA	PUBLIKUM
ZRUČNOSŤ	RYTMUS
GESTO	SÓLO
INTENZITA	ŠTÝL
SKLADATEĽ	TANEČNÍCI
UMELECKÝ	TECHNIKA

18 - Geologie

```
K U F T N M P N F E V N U M V X
V X E K B U H U P F L Á K I N B
F H O G N K O R A L O V P G R U
S T A L A G M I T Y K X U N A K
P N I Ň Z S O Ľ Y L Á R E N I M
L E Z K Y D Z E H V B N E R P K
O N Ó P A K P O S D C W N M Y V
Š I R V O M S W M R L H L K E R
I T E T I T K A L A T S Í Y B Ň
N N G E J Z Í R J N M K S S M A
A O R O Z T A V E N Ý E O E B K
W K B B S E C L C Y C R F L J A
K Y G J K P H S E L F P L I N M
F O Y R G N X Z Ó N A N Á N K E
Z E M E T R A S E N I E V A Y Ň
A X T L V J T D F O F K A I S T
```

ZEMETRASENIE	MINERÁLY
ERÓZIA	PLOŠINA
FOSÍLNE	KREMEŇ
ROZTAVENÝ	SOĽ
GEJZÍR	KYSELINA
JASKYŇA	STALAGMITY
VÁPNIK	STALAKTIT
KONTINENT	KAMEŇ
KORALOV	SOPKA
LÁVA	ZÓNA

19 - Wissenschaft

```
V M O L E K U L Y Y T L P J H G
E Ý L A B O R A T Ó R I U M C R
C T V W A T Ó M Č A S T I C E A
O L H O E N U O N Z Z K T C D V
B N I Z J E R R E É D N A W E I
X E V X Y M L G J T P R G O V T
F G R J P I K A M O K L Í M A Á
K A E A O R N N A P Y U X V F C
M C L V E M I Z Y W B G K O I
S I T T A P E Z N H F J D Z S A
R M N L H X T M F Y L H Z E Í C
N N C E A E Ó U H P V A T H L Ú
R N W O R P D S U W X U F U N D
P T T Y N Á A K I Z Y F J X E A
Z M C W U E L C H E M I C K Ý J
E X Y L C J F Y N I L T S A R E
```

ATÓM	MINERÁLY
CHEMICKÝ	MOLEKULY
ÚDAJE	POVAHA
VÝVOJ	ORGANIZMUS
EXPERIMENT	ČASTICE
FOSÍLNE	RASTLINY
HYPOTÉZA	FYZIKA
KLÍMA	GRAVITÁCIA
LABORATÓRIUM	FAKT
METÓDA	VEDEC

20 - Sport

```
W D D I X R K V I C H J Y L T Y
W O J G S I O G H E R L G O A B
O U A O F N G N I V É X R X N T
M A X I M A L I Z O V A Ť D E M
Z D R A V I E G Y T O Ľ E I C E
U C B L V F Z G W R T I R É C T
U A Z A V I P O A O R E R T S A
S V A L Y J Ž J D P O O L A J B
P R O G R A M Ý H Š P Y W O T O
Y C I D G T V M V V Š O G Y Ť L
S E S B D C Y K L I S T I K A I
P I B Z K Z K O S T I P D Y H C
I J L S C H O P N O S Ť V U C K
H H X A V Y T R V A L O S Ť Ý Ý
F G E L Y P D T R É N E R G D X
N S W E T U G Z K A Y N F U U E
```

ŠPORTOVEC	MAXIMALIZOVAŤ
DÝCHAŤ	METABOLICKÝ
VYTRVALOSŤ	SVALY
DIÉTA	PROGRAM
VÝŽIVA	CYKLISTIKA
SCHOPNOSŤ	ŠPORTOVÉ
ZDRAVIE	SILA
JOGGING	TANEC
KOSTI	TRÉNER
TELO	CIEĽ

21 - Mythologie

```
S  P  V  B  P  Y  T  E  H  C  R  A  J  X  P  C
I  O  Ť  S  O  V  I  L  R  A  I  Ž  P  W  R  O
L  M  P  J  R  I  H  L  D  R  B  K  S  E  L  B
A  S  I  T  S  W  G  H  I  P  R  Í  Š  E  R  A
D  T  S  N  U  T  U  Y  N  L  N  N  N  I  M  M
K  A  G  I  Z  Y  V  O  A  E  E  V  O  E  I  U
T  R  H  R  D  I  N  K  A  G  S  O  H  S  A  O
V  Ú  B  Y  Ý  I  G  T  O  E  M  J  S  R  F  W
O  T  K  B  N  U  J  Z  D  N  R  O  P  X  O  N
R  L  U  A  Ľ  C  I  C  L  D  T  B  R  P  R  M
B  U  N  L  E  I  B  S  O  A  E  X  Á  G  T  Z
A  K  T  X  T  V  O  R  G  W  Ľ  S  V  Y  S  V
B  U  B  P  R  T  N  B  F  C  N  T  A  C  A  K
U  T  J  B  M  N  Z  V  E  T  O  N  N  O  T  W
F  U  Y  K  S  M  D  J  G  N  S  D  I  B  A  L
L  K  D  T  K  X  M  E  Y  S  Ť  H  E  X  K  K
```

ARCHETYP	BOJOVNÍK
BLESK	KULTÚRA
HROM	LABYRINT
ŽIARLIVOSŤ	LEGENDA
HRDINA	PRÍŠERA
HRDINKA	POMSTA
NEBO	SILA
KATASTROFA	SMRTEĽNÝ
TVORBA	NESMRTEĽNOSŤ
TVOR	SPRÁVANIE

22 - Restaurant #2

```
O  J  F  E  P  Ý  N  D  O  H  A  L  L  E  T  M
N  V  Y  W  W  O  O  E  B  A  F  F  U  N  C  I
H  Y  O  O  A  K  L  I  E  P  S  Y  C  J  W  F
H  N  S  C  N  J  K  I  D  V  I  D  L  I  C  A
M  X  T  L  I  D  K  R  E  H  D  B  M  V  C  Z
Z  X  O  P  N  E  X  J  I  V  P  U  I  A  X  R
Z  Y  L  D  E  I  N  E  R  O  K  Í  N  Š  A  Č
V  Ľ  I  I  L  S  L  K  B  L  R  A  T  R  O  T
E  A  Č  Z  E  V  J  V  U  D  F  Y  R  F  R  Á
Č  D  K  V  Z  D  R  Z  V  E  F  J  B  F  Z  L
E  G  A  D  O  V  E  F  I  J  C  L  E  Y  B  A
R  C  L  T  U  X  Z  D  T  D  S  O  Ľ  F  L  Š
A  C  I  Ž  Y  L  A  X  W  E  O  S  H  K  W  H
L  L  L  H  M  Z  N  F  D  R  F  R  M  B  S  N
P  A  M  S  R  A  C  N  Á  P  O  J  B  X  B  K
G  M  Z  F  D  D  E  I  Z  F  R  O  W  U  G  E
```

VEČERA	TORTA
ĽAD	LYŽICA
RYBY	OBED
OVOCIE	REZANCE
VIDLICA	ŠALÁT
ZELENINA	SOĽ
NÁPOJ	STOLIČKA
KORENIE	POLIEVKA
ČAŠNÍK	PREDJEDLO
LAHODNÝ	VODA

23 - Ökologie

```
V Y D Ý E P R E Ž I T I E F I B
R E Y N L Á B O L G M L X L V T
A J G Ľ E K R A J X X R I J R S
S O G E K L Í M A M O Č I A R P
T R H T T Ť S O D O R O N Z Ô R
L D N A A Á Z I W M X L H M O I
I Z T Ž T R C I O Z F O G U Y R
N Z Z R I Y T I N U M O K U R O
Y I E D B C X P A N U A F O O D
G Z T U A Z L O W R A C Y L H Z
X K Z A H A V O P N Ó W N F I E
M O R S K Ý S U C H O L U F M N
D O B R O V O Ľ N Í C I F T X Ý
G H L O V F E N Z S I D J L N E
N D K P Z W Y I D N K H G C M H
E Y U U Z F D H R R E I Z R S V
```

DRUH	MORSKÝ
HORY	UDRŽATEĽNÝ
SUCHO	POVAHA
FAUNA	PRIRODZENÝ
FLÓRA	RASTLINY
DOBROVOĽNÍCI	ZDROJE
KOMUNITY	MOČIAR
GLOBÁLNY	PREŽITIE
KLÍMA	VEGETÁCIA
HABITAT	RÔZNORODOSŤ

24 - Schokolade

```
Y S U V O S A A O N E V K J T X
C T L C M L C K M Y J H A E M G
L N Z F P R U Ž N L L C R S R I
A A R Ó M A K O Š Á R P A Ť F A
H D L D F J O L R H T C M U R V
O I S E P S R Z X K H V E H E P
D X L X Ý N E B Ú Ľ B O L C M R
N O A O J A I D H F F G K G E E
Ý I D T M F R K A K A O O N S C
K T K I I N Ó A H U S S K X E E
R N Ý C V L L I Š O C Y O L L P
O A K K S E A U M I L Z S A N T
H K A Ý U O K V Z B D R O W É C
Y F V W P V J Z K T K Y V K P S
B S D A B Y H O V C Y T Ý G H F
Z T Y B H C B H X T G Y L O J E
```

ANTIOXIDANT
ARÓMA
HORKÝ
ARAŠIDY
JESŤ
EXOTICKÝ
OBĽÚBENÝ
CHUŤ
REMESELNÉ
KAKAO

KALÓRIE
KARAMEL
KOKOSOVÝ
LAHODNÝ
PRÁŠOK
KVALITA
RECEPT
SLADKÝ
CUKOR
ZLOŽKA

25 - Boote

```
N  P  M  H  A  Y  N  C  J  H  L  R  L  P  T  W
Á  L  T  R  A  J  E  K  T  F  I  P  M  A  L  P
M  A  T  D  Z  K  B  Ó  J  A  F  S  O  V  N  N
O  C  U  Y  N  O  V  U  I  C  E  S  T  T  J  O
R  H  B  D  F  K  L  L  H  N  B  T  O  O  A  R
N  E  R  L  O  Y  N  D  O  T  O  O  R  K  C  E
Ý  T  O  C  Y  K  Y  O  M  N  A  Ž  E  A  H  Z
C  N  R  I  E  K  A  C  P  J  T  I  O  J  T  A
H  I  J  X  K  C  U  E  W  O  E  A  G  A  A  J
J  C  T  W  D  J  K  Á  M  U  S  R  T  K  M  Y
E  A  M  O  G  X  W  N  O  V  Z  Á  I  Y  E  P
W  F  W  G  Z  H  H  Z  R  H  Z  J  D  L  V  N
U  R  V  X  D  O  I  C  E  O  N  A  K  K  I  Y
W  X  W  K  G  N  X  Z  H  Y  C  O  D  G  A  C
S  U  B  G  Y  L  R  A  F  T  H  M  G  K  M  N
O  U  S  M  T  J  L  X  D  Z  T  J  V  D  S  D
```

KOTVA	MORE
BÓJA	MOTOR
POSÁDKA	NÁMORNÝCH
DOK	OCEÁN
TRAJEKT	LIFEBOAT
RAFT	JAZERO
RIEKA	PLACHETNICA
KAJAK	LANO
KANOE	VLNY
STOŽIAR	JACHTA

26 - Stadt

```
D  K  N  I  Ž  N  I  C  A  S  X  G  L  T  U  K
W  I  U  P  V  G  B  C  O  L  K  A  E  O  E  V
S  K  V  C  R  S  I  P  X  N  H  L  T  T  F  E
F  U  V  A  Š  T  A  D  I  Ó  N  É  I  V  U  T
H  W  P  V  D  L  U  W  A  J  T  R  S  W  E  I
H  U  B  E  H  L  M  B  O  T  I  I  K  Z  F  N
O  N  N  J  R  E  O  B  D  F  I  A  O  A  S  Á
T  Y  X  I  T  M  L  I  P  J  F  O  J  D  P  R
E  E  J  Z  V  U  A  K  N  A  B  F  S  U  Z  S
L  Z  T  Y  W  E  J  R  K  L  I  N  I  K  A  T
Z  O  O  K  D  Z  R  Y  K  X  L  A  F  B  U  V
B  E  P  Y  Y  Ú  K  Z  Ň  E  R  Á  K  E  P  O
P  L  D  I  V  M  M  A  I  H  T  E  O  A  L  W
L  E  K  Á  R  E  Ň  S  P  T  X  B  Y  O  M  M
D  K  I  N  O  F  L  Z  X  S  A  L  O  K  Š  C
R  E  Š  T  A  U  R  Á  C  I  A  V  V  L  R  V
```

LEKÁREŇ	TRH
BANKA	MÚZEUM
PEKÁREŇ	REŠTAURÁCIA
KNIŽNICA	ŠKOLA
KVETINÁRSTVO	ŠTADIÓN
LETISKO	SUPERMARKET
GALÉRIA	DIVADLO
HOTEL	UNIVERZITA
KINO	ZOO
KLINIKA	

27 - Aktivitäten

```
U P W X X D J O G X H K H Z L L
V O T U R I S T I K A H V T V L
M T T T H S A Č Ý N Ľ O V I X K
B E A J Y N K K U K Z V O A D I
L Š N J Z O I E Č I N N O S Ť Z
N E E C Y D M I M N L N U L X Á
B N C L S Y A T Y P C P X U H H
C I N A V W R I R Y B O L O V R
Č E G C Z R E Š H E X P V L I A
J Í D S A K K T K Z Á L O Z K D
U U T O A I C Á X A L E R Ú V N
R N K A V N J E U R S T P K V Í
Z Ť S O N Č U R Z B E E T C V C
E A N J F I R Y V O M N L A O T
U M E N I E E S T B E I Y R P V
V Y R B T C D S S A R E M C O O
```

ČINNOSŤ	UMENIE
RYBOLOV	REMESLÁ
KEMP	ČÍTANIE
RELAXÁCIA	KÚZLO
ZRUČNOSŤ	ŠITIE
VOĽNÝ ČAS	HRY
ZÁHRADNÍCTVO	PLETENIE
OBRAZ	TANEC
LOV	POTEŠENIE
KERAMIKA	TURISTIKA

28 - Bienen

```
M  J  J  W  A  X  W  X  O  R  L  Z  K  K  R  R
G  Y  I  Y  E  W  O  D  O  Ô  X  Á  R  V  A  A
O  V  O  C  I  E  A  E  F  Z  V  H  Í  E  E  S
K  R  T  J  O  P  Á  F  B  N  O  R  D  T  R  T
N  Z  M  Z  P  N  G  N  O  O  S  A  L  Y  H  L
L  H  É  R  E  L  M  O  V  R  K  D  A  N  Z  I
S  N  T  X  Ľ  K  V  E  T  O  B  A  T  U  N  N
P  N  S  K  O  F  L  B  O  D  Ľ  Ú  K  B  P  Y
Y  S  Y  J  V  Y  U  B  J  O  D  Á  P  C  R  R
G  T  S  N  A  D  C  S  M  S  Y  S  R  K  O  K
A  Z  O  F  Č  R  Y  U  P  Ť  M  M  Y  K  S  F
H  Y  K  P  O  I  H  A  B  I  T  A  T  C  P  N
J  M  E  D  V  P  L  Y  P  O  M  V  O  S  E  F
V  H  E  R  H  Z  K  T  G  W  E  Z  J  P  Š  D
P  E  Ľ  T  R  P  T  F  I  R  O  J  G  X  N  I
G  E  Z  Z  J  O  X  U  D  K  H  K  N  G  Ý  F
```

OPEĽOVAČOV	HABITAT
ÚĽ	EKOSYSTÉM
KVETY	RASTLINY
KVET	PEĽ
KRÍDLA	DYM
OVOCIE	ROJ
ZÁHRADA	SLNKO
MED	RÔZNORODOSŤ
HMYZ	PROSPEŠNÝ
KRÁĽOVNÁ	VOSK

29 - Wissenschaftliche Disziplinen

```
F O C N E U R O L Ó G I A E V T
A S T R O N Ó M I A D O G X A I
I K J U Y M I N E R A L Ó G I A
M P I Y W L K T T D I B K A G I
É M S T C U B P Y X G I I R Ó G
H Z E Y S M E N B X Ó O N C L Ó
C O O C C I L A O A L C E H O L
K O D X H H V C M U O H Z E I O
H L G N P A O G T O I É I O C I
K Ó E K V Z N L N K B M O L O Z
S G O V R P X I Ó I X I L Ó S Y
N I L C C F J R K G L A Ó G N F
Z A Ó A K L B M L A I C G I X C
D S G B O T A N I K A A I A C W
O A I G Ó L O K E J O I A T F U
W J A I M Ó T A N A I J T E Z L
```

ANATÓMIA	LINGVISTIKA
ARCHEOLÓGIA	MECHANIKA
ASTRONÓMIA	MINERALÓGIA
BIOCHÉMIA	NEUROLÓGIA
BIOLÓGIA	EKOLÓGIA
BOTANIKA	FYZIOLÓGIA
CHÉMIA	PSYCHOLÓGIA
GEOLÓGIA	SOCIOLÓGIA
KINEZIOLÓGIA	ZOOLÓGIA

30 - Vögel

```
G N V B B P A G C N J P L N C H
K A Č I C A A P O R O L P E T H
B I X T L I J P A E M I R Á U H
I C L S G F U K A Z M N M I V S
J O P O M E H M B G T V G V O C
V B U V K S V T D N Á H A H Č B
U Y N A D A C H T P K J V Y A O
V A J E C W V U D P I O R U J U
V R A B E C A Ť S A C S A T K U
M N K A I N Č U T H U S N R A N
K G Č V H A F B D C D E A L U Á
X H U E T R E A H O L U B O K K
I Z K I D V V L P F U L A Z E I
M N U F K A V O L A V K A E W L
H T K R D H N E B U H J S K Z E
P L A M E N I A K K L W T O M P
```

OROL   PAPAGÁJ
VAJEC   PELIKÁN
KAČICA   PÁV
SOVA   TUČNIAK
PLAMENIAK   HAVRAN
HUS   VOLAVKA
KURA   LABUŤ
VRANA   VRABEC
KUKUČKA   BOCIAN
ČAJKA   HOLUB

31 - Biologie

```
P U S E P B G Y N Í E T O R P D
D R N T L U U J É U N Ó M R O H
C A I H A N D H G Y Z K A K Y G
H F Y R Z K X H A W Ý Y Z H B S
U E N H O A M G L C M D É F T Y
I R W W O D Ó J O V Ý V T E R M
V O N F S I Z A K C D Z N G T B
A N A V M N O E D Y U E Y N B I
L Ó Z D Ó E M Y N I L T S A R Ó
M R N X Z H O Z K Ý E G O H V Z
E U E E A R R B A I M Ó T A N A
M E T X R Z H V E P T R O U L S
B N A Á M V C A M U K U F K U K
R L R V C E V A C I C O Z U Y C
Y W J U S I S Y N A P S I A P C
O J J K I D A O N G P N Y A R X
```

ANATÓMIA   NEURÓN
CHROMOZÓM   OSMÓZA
EMBRYO   RASTLINY
ENZÝM   FOTOSYNTÉZA
VÝVOJ   PROTEÍN
HORMÓN   PLAZ
KOLAGÉN   CICAVEC
MUTÁCIA   SYMBIÓZA
PRIRODZENÝ   SYNAPSIA
NERV   BUNKA

32 - Elektrizität

```
Y A D I X B C A O Y R S S D O J
G Y B D D M D A T P R J K X V F
L O C F R P A I Z Í V E L E T P
E A B H Á O P G I R I I A U S I
B I S Ť K Z M Z N G F P D O Ž G
Á R T E I I A N W E C Z O V O N
K É B I R T L N K N T O V A N K
W T Z S Í L F M E E D A C M D
C A G C K V U Z N F M Y N S K T
A B G G E N E I N E D A I R A Z
B J E M L Y I B J M E X E V B N
I T W I E G S W R C R V K J R C
G E N E R Á T O R E P V X G X J
O U E L E K T R I C K Ý J I N W
D R Ô T Y N V Í T A G E N D G G
Z Á S U V K A T E L E F Ó N E X
```

ZARIADENIE
BATÉRIA
DRÔTY
ELEKTRIKÁR
ELEKTRICKÝ
TELEVÍZIA
GENERÁTOR
KÁBEL
SKLADOVANIE
LAMPA

LASER
MAGNET
MNOŽSTVO
NEGATÍVNY
SIEŤ
PREDMET
POZITÍVNY
ZÁSUVKA
TELEFÓN

33 - Garten

```
T T O L P A X O B G K T M S X X
S T E L G O P E C M V F R Ž F R
T R R R J K U S L R E K O Á A Y
R A Y E A P P M U E T S T R V A
Á M B L O S B U R I N Y R A M A
V P N B K I A N O I E R P G E Y
N O Í A D N A R E V S T R O M P
I L K R W J U U C V K S W K J Ô
K Í F H O J D A C I A S I E Ť D
B N A K Č I V A L O P A T A H A
V A G V Z X F J S L X B Z P U O
U X O U S I R C H A D I C A T W
Z Y M E S K T P T L T S V V R A
Z Y F K O E F O A I N I Z Y R S
L V W L V B M U O A F R V H R T
Z Á H R A D A L U P U V M G C H
```

LAVIČKA	TRÁVNIK
STROM	HRABLE
KVET	LOPATA
PÔDA	HADICA
KER	RYBNÍK
GARÁŽ	TERASA
ZÁHRADA	TRAMPOLÍNA
TRÁVA	BURINY
HOJDACIA SIEŤ	VERANDA
SAD	PLOT

34 - Antarktis

```
M D X J G H C V P O K Z E P T R
I I V O D A T T O N O V X R O N
O J N B A B O Á L B N Ý P O P I
V O G E Ľ A T K O C T S E S O F
Y W P E R P M Y S W I K D T G M
M P A E O Á V G T Y N U Í R R V
S M N L B G L B R F E M C E A V
S R W U Ý R Y O A N N I D F E
T E P L O T A A V O T Í A I I D
V B R L J A W O F A I K U E A E
V C U J J N L A W I K N A T J C
I E P N G L M Z J W A R T E G K
L S T H J A M I G R Á C I A G Ý
Á K O R B K O C H R A N A Y D M
Z P X J Y S U Ľ A D O V C E I D
P O Č A S I E X W B H W H J M P
```

ZÁLIV
ĽAD
OCHRANA
EXPEDÍCIA
SKALNATÝ
VÝSKUMNÍK
GEOGRAFIA
ĽADOVCE
POLOSTROV
KONTINENT

MIGRÁCIA
MINERÁLY
TEPLOTA
TOPOGRAFIA
PROSTREDIE
VTÁKY
VODA
POČASIE
VETRY
VEDECKÝ

35 - Fahren

```
J  M  Ť  S  O  N  Č  E  P  Z  E  B  K  K  L  N
Z  H  S  U  B  O  T  U  A  D  O  H  E  N  C  Á
C  K  O  J  P  I  I  D  C  T  Z  K  Y  R  P  K
E  I  L  E  R  N  A  N  G  B  U  G  A  T  U  L
L  J  H  Š  T  G  U  D  T  W  F  O  P  B  M  A
L  I  C  E  N  C  I  A  D  O  P  R  A  V  A  D
E  R  Ý  P  O  J  N  P  T  Y  C  G  Z  V  I  N
K  M  R  M  A  P  F  A  O  N  V  U  G  D  C  É
Y  P  X  O  B  L  A  M  T  U  N  E  L  A  Í  A
C  M  R  T  P  Z  I  T  W  U  A  J  G  U  L  U
O  G  P  O  L  A  B  V  R  G  I  C  O  T  O  T
T  Z  A  R  Y  N  R  Y  O  N  P  R  F  O  P  O
O  B  O  R  N  J  Z  B  V  U  O  D  O  Z  O  O
M  J  A  W  Á  I  D  I  S  O  H  S  S  H  I  A
E  R  J  V  X  Ž  Y  G  Z  R  T  X  Ť  N  I  K
Y  O  R  I  H  D  K  P  R  E  P  R  A  V  A  E
```

AUTO	NÁKLADNÉ AUTO
BRZDY	MOTOR
PALIVO	MOTOCYKEL
AUTOBUS	POLÍCIA
PEŠEJ	BEZPEČNOSŤ
GARÁŽ	PREPRAVA
PLYN	TUNEL
RÝCHLOSŤ	NEHODA
MAPA	DOPRAVA
LICENCIA	OPATRNOSŤ

36 - Physik

```
N Ý E Ý N H F I R Ý C H L O S Ť
K K S V H Y M R J I C E S U D
F C A O C P Ó O E P B K J A K Z
Z I X R H X T W T K D I Y H E E
U M S D R C A X K N V V J O U E
R E L A T I V I T A O E C F N C
I H R J C V N M C V S N Y L P
H C W L H Z W V K I O Y Ť C T S
B U S C A O N Ó R T K E L E I V
V A S X O R J V W S M O T O R A
E B O T S E X C T A U F C Z H N
B W V U O C D R G Č U O N R W K
S U M Z I T E N G A M N W M T O
N Y F O N N A L U K E L O M G C
E X P E R I M E N T C K A M N U
Z R Ý C H L E N I E T Y Y Y I J
```

ATÓM	PLYN
ZRÝCHLENIE	RÝCHLOSŤ
CHAOS	MAGNETIZMUS
CHEMICKÝ	HMOTNOSŤ
HUSTOTA	MOLEKULA
ELEKTRÓN	MOTOR
EXPERIMENT	JADROVÝ
VZOREC	ČASTICA
FREKVENCIA	RELATIVITA

37 - Bücher

```
T  P  P  S  É  R  I  A  I  Z  É  O  P  L  V  D
Z  H  E  R  W  H  E  X  Y  I  Ý  D  H  I  J  O
Y  B  L  U  Í  M  Y  P  E  Z  K  Z  U  T  S  B
B  R  I  Z  B  B  W  B  F  U  C  N  M  E  K  R
Á  J  T  E  H  Ľ  E  T  A  T  I  Č  O  R  O  O
S  J  O  T  R  R  R  H  K  L  G  J  R  Á  N  D
E  X  K  G  O  K  Z  O  J  L  A  W  N  R  T  R
Ň  D  K  Č  T  A  A  E  M  S  R  G  Ý  N  E  U
Z  U  T  A  U  U  K  P  X  Á  T  V  W  Y  X  Ž
N  A  Ý  V  A  Z  E  I  L  A  N  Y  V  A  T  S
E  L  N  Á  S  C  E  M  S  Z  P  R  X  A  G  T
P  I  A  R  A  D  C  E  H  F  K  W  L  T  B  V
O  T  S  P  X  G  U  E  N  X  K  A  Y  L  U  O
S  A  Í  Z  Y  I  L  S  T  R  A  N  A  T  B  M
P  F  P  O  H  I  S  T  O  R  I  C  K  Ý  N  M
U  W  P  R  Z  M  W  V  N  T  W  H  X  B  Y  P
```

DOBRODRUŽSTVO	HUMORNÝ
AUTOR	ZBIERKA
DUALITA	KONTEXT
EPOS	ČITATEĽ
VYNALIEZAVÝ	LITERÁRNY
ROZPRÁVAČ	POÉZIA
BÁSEŇ	ROMÁN
PRÍBEH	STRANA
PÍSANÝ	SÉRIA
HISTORICKÝ	TRAGICKÝ

38 - Menschlicher Körper

```
K O N L R P V L F S T M R U K A
R O B A L R S B N E G O H C U D
K N N K T S R R V L O Z M Y A A
A E E E T T G L D V S O N M L R
F L I Ť L F X N J C K G O T S B
X O F S G Č U N I X E I S O G Y
M K A U B X D H S K C T Y R R W
Z I R Ľ X L Y T W X R H T V K T
X A C E M R D S T T X E A Z I X
Z L Y Č B U A R W V O Z A O P T
M P M N W Z Y M O N N B F E B L
Z I J L I E G S E F F J T T P M
N O H A U G V F I N E V V R K W
P D Ú S T A V A L H O P Á A V A
C W G S L E L J A Z Y K R Z Y H
P E R S L E K O Ž A K E E J M S
```

NOHA	ČEĽUSŤ
KRV	BRADA
LAKEŤ	KOLENO
PRST	ČLENOK
MOZOG	HLAVA
TVÁR	ÚSTA
KRK	NOS
RUKA	UCHO
KOŽA	RAMENO
SRDCE	JAZYK

39 - Agronomie

```
C  V  K  W  J  X  E  Š  L  F  L  N  W  N  S  R
P  Ý  T  A  A  M  I  R  T  Z  H  M  X  B  Y  A
G  K  N  W  S  O  D  F  Ó  U  V  M  F  F  S  S
J  C  M  F  F  X  E  I  L  Z  D  M  O  D  T  T
K  I  B  W  B  B  R  Z  G  U  I  O  Y  W  É  L
Z  N  E  Č  I  S  T  E  N  I  E  A  V  Z  M  I
K  A  M  X  D  O  S  W  H  F  Y  I  E  A  Y  N
V  G  M  S  Y  B  O  R  O  H  C  G  N  V  Ť  Y
O  R  R  E  S  M  R  I  V  V  B  Ó  E  E  Y  L
D  O  M  A  M  A  P  K  I  Ý  E  L  R  D  A  R
A  N  A  B  S  A  W  J  J  S  Z  O  G  A  F  K
V  I  X  O  J  T  I  U  O  K  L  K  I  Y  T  I
V  Ý  R  O  B  A  A  F  N  U  R  E  A  Y  O  R
Z  E  L  E  N  I  N  A  H  M  R  P  D  P  W  I
U  D  R  Ž  A  T  E  Ľ  N  Ý  P  Ô  D  A  Y  L
N  B  N  T  V  I  D  I  E  C  K  Y  Y  T  T  R
```

PÔDA	EKOLÓGIA
HNOJIVO	RASTLINY
ENERGIA	VÝROBA
ERÓZIA	ŠTUDOVAŤ
VÝSKUM	SYSTÉMY
ZELENINA	PROSTREDIE
CHOROBY	ZNEČISTENIE
VIDIECKY	RAST
UDRŽATEĽNÝ	VODA
ORGANICKÝ	VEDA

40 - Landschaften

```
I  U  E  Z  Z  W  E  J  M  P  O  G  T  P  V  H
P  O  E  A  K  E  I  R  O  A  L  Z  F  O  R  W
P  Y  D  Z  N  K  S  J  R  S  A  Á  T  L  C  A
C  Z  O  Á  X  E  D  L  E  G  N  G  Ž  O  H  Y
Z  T  K  O  P  E  C  C  K  A  Ň  Y  K  S  A  J
N  N  W  K  A  O  R  E  Z  A  J  C  A  T  N  Z
F  O  N  M  W  V  D  V  O  N  G  Y  V  R  Ú  D
T  V  E  A  Z  O  R  O  J  S  T  V  W  O  G  T
M  O  Č  I  A  R  B  D  O  N  T  A  F  V  A  O
N  J  W  I  K  Í  W  A  I  U  F  R  W  G  L  W
D  U  J  K  P  Z  R  Ľ  X  W  Ť  D  O  I  B  F
Z  P  N  I  O  J  H  G  N  G  Š  N  V  V  T  K
S  C  I  N  S  E  I  L  O  D  Ú  U  B  I  V  U
T  F  R  A  J  G  S  B  I  H  P  T  T  L  V  C
V  N  P  E  A  C  G  W  P  O  D  X  A  Á  L  U
V  M  J  O  U  R  E  Y  D  C  P  C  X  Z  T  V
```

VRCH	MORE
ĽADOVEC	OÁZA
RIEKA	JAZERO
GEJZÍR	PLÁŽ
ZÁLIV	MOČIAR
POLOSTROV	ÚDOLIE
JASKYŇA	TUNDRA
KOPEC	SOPKA
OSTROV	VODOPÁD
LAGÚNA	PÚŠŤ

41 - Abenteuer

```
N  C  T  C  K  N  K  Ť  B  F  P  S  O  R  W  F
P  E  E  J  T  C  K  S  V  M  R  J  B  A  W  L
R  Y  O  S  K  I  P  O  F  R  I  I  T  D  A  M
E  P  C  B  T  T  X  T  F  W  A  A  I  O  V  K
K  M  X  F  V  U  K  I  B  E  T  U  A  S  Y  B
V  A  R  A  K  Y  J  Ž  I  W  E  I  Ž  Ť  V  N
A  Ť  D  I  L  E  K  E  R  Z  L  T  N  S  E  A
P  S  Š  A  N  C  A  L  B  N  I  I  O  Č  P  V
I  O  F  T  L  F  B  Í  Ý  O  A  N  S  I  R  I
V  N  Y  J  I  N  B  R  N  V  B  E  Ť  N  Í  G
Ý  Č  R  B  J  Y  P  P  U  Ý  P  R  H  N  P  Á
N  E  B  E  Z  P  E  Č  N  Ý  O  Á  N  O  R  C
G  P  E  X  K  U  R  Z  I  A  V  R  O  S  A  I
C  Z  C  Ť  S  O  N  Č  O  T  A  T  S  Ť  V  A
Ľ  E  I  C  P  O  X  X  A  J  H  Y  J  H  A  V
Z  B  D  A  H  W  F  Y  R  S  A  S  Á  R  K  L
```

ČINNOSŤ	CESTUJE
EXKURZIA	ITINERÁR
ŠANCA	KRÁSA
RADOSŤ	OBTIAŽNOSŤ
PRIATELIA	BEZPEČNOSŤ
NEBEZPEČNÝ	STATOČNOSŤ
PRÍLEŽITOSŤ	NEOBVYKLÝ
POVAHA	PREKVAPIVÝ
NAVIGÁCIA	PRÍPRAVA
NOVÝ	CIEĽ

42 - Flugzeuge

```
G  G  E  G  V  P  J  E  W  W  S  U  N  A  D  W
E  S  F  S  E  F  Y  X  O  F  L  K  Í  D  O  V
P  S  N  I  W  Z  C  O  D  W  B  H  K  V  B  Z
N  I  D  I  Z  A  J  N  B  A  L  Ó  N  Z  R  C
U  D  L  J  H  B  R  A  T  K  T  X  A  D  O  E
N  Z  H  O  F  E  Y  É  A  D  Ť  X  I  U  D  O
I  E  S  U  T  N  K  W  F  Á  A  P  C  C  R  C
M  H  I  S  T  Ó  R  I  A  S  V  V  K  H  U  E
V  O  V  I  L  A  P  Z  P  O  O  L  U  L  Ž  S
R  B  T  W  S  O  D  N  J  P  G  M  R  O  S  T
T  T  T  O  X  H  S  J  X  W  I  J  T  M  T  U
U  E  V  V  R  V  Ý  Š  K  A  V  B  Š  A  V  J
L  K  C  G  Z  B  D  Y  I  Z  A  S  N  N  O  Ú
E  I  S  A  Č  O  P  Y  H  O  N  Y  O  B  O  C
Z  O  S  T  U  P  T  B  F  H  Y  M  K  T  H  I
A  N  T  U  R  B  U  L  E  N  C  I  A  P  U  L
```

DOBRODRUŽSTVO	KONŠTRUKCIA
ZOSTUP	VZDUCH
ATMOSFÉRA	MOTOR
BALÓN	NAVIGOVAŤ
PALIVO	CESTUJÚCI
POSÁDKA	PILOT
DIZAJN	VRTULE
HISTÓRIA	TURBULENCIA
NEBA	VODÍK
VÝŠKA	POČASIE

43 - Haartypen

```
Y  J  V  C  M  O  A  Y  Z  Z  T  Ý  H  C  U  S
H  F  H  U  Z  R  B  A  M  P  B  T  Z  N  A  N
X  M  I  L  N  X  G  W  M  O  K  A  C  M  V  X
L  B  R  X  A  H  A  Z  R  K  A  Š  J  X  L  W
K  S  B  D  S  K  K  S  C  Ý  D  E  N  H  P  H
U  Y  D  Y  L  E  I  B  G  B  A  L  H  C  J  R
Č  U  R  F  I  H  R  O  W  U  L  P  Y  B  Z
E  E  Z  O  W  B  Ý  P  W  R  V  O  É  A  N  L
R  J  S  Č  I  E  R  N  Y  H  X  M  Z  L  V
A  U  Ý  T  I  N  L  V  W  I  J  R  E  D  N  N
V  V  Y  W  R  U  C  S  D  V  Y  K  T  Á  R  K
Ý  B  U  Y  K  I  Č  Ô  K  R  V  N  E  D  W  L
K  U  Č  E  R  Y  E  T  E  N  K  Ý  L  E  U  R
F  A  R  E  B  N  É  B  O  H  F  T  P  Š  M  R
M  Ä  K  K  Ý  C  X  D  R  Z  D  R  A  V  Ý  H
Z  A  H  B  Y  F  G  V  N  O  R  I  R  E  O  E
```

BLOND	DLHÝ
HNEDÝ	KUČERY
HRUBÝ	KUČERAVÝ
TENKÝ	ČIERNY
FAREBNÉ	STRIEBRO
PLETENÉ	SUCHÝ
ZDRAVÝ	MÄKKÝ
ŠEDÁ	BIELY
PLEŠATÝ	VLNITÝ
KRÁTKY	VRKÔČIKY

44 - Essen #1

```
R O X X R M O V E C O V S M W W
J G D J D G Z U D R Y P P L O M
H S I M Y V N O Y Y J U W Z Š Ä
J O Š O L L C H S S D I U M P S
G Ľ A Ť M I W M V R E V U R E O
W B R U A K E T U N I A K K N O
F A A B D V I K Á O S V L V Á T
W Z K S O J A I O L N Á V A T A
C A A E H H A S B L A K Š U R H
U L V P A Ľ U B I C C Š U M V U
K K K C J E A K V E I L O P R K
O A W I X H W A N Ó R T I C B X
R V N W P Y J N U L O W K W X I
X L J E D J N S R A K P H K S U
S J O L H J M E N P Š S M G C I
J H B C M R M C B K Z G K C V E
```

BAZALKA
HRUŠKA
JAHODA
ARAŠID
MÄSO
KÁVA
MRKVA
CESNAK
MLIEKO
KVAKA

ŠŤAVA
ŠALÁT
SOĽ
ŠPENÁT
POLIEVKA
TUNIAK
ŠKORICA
CITRÓN
CUKOR
CIBUĽA

45 - Ethik

```
I  V  O  A  V  Ť  R  R  P  L  N  U  O  F  D  A
N  I  P  Ť  C  S  A  P  F  F  S  O  N  I  Ô  L
T  U  T  S  P  O  C  F  S  U  U  E  D  L  S  T
E  L  I  O  Ý  V  I  T  C  Ú  P  P  W  O  T  R
G  Á  M  V  A  I  O  I  M  U  H  R  G  Z  O  U
R  S  I  I  E  T  N  C  Ú  R  S  O  W  O  J  I
I  K  Z  L  S  C  A  Ú  D  Ľ  O  S  D  F  N  Z
T  A  M  Z  H  O  L  S  R  K  U  Z  A  I  O  M
A  V  U  E  P  P  I  J  O  U  S  D  U  A  S  U
M  O  S  P  R  W  T  Y  S  N  A  F  S  M  Ť  S
A  S  F  R  B  A  A  B  Ť  I  O  O  A  T  N  P
A  Ť  S  T  O  L  E  R  A  N  C  I  A  L  V  Ý
V  D  H  O  D  N  O  T  Y  I  O  G  V  Y  K  O
R  E  A  L  I  Z  M  U  S  X  L  C  L  W  S  N
B  E  N  E  V  O  L  E  N  T  N  Ý  V  L  M  B
D  I  P  L  O  M  A  T  I  C  K  Ý  W  N  J  M
```

ALTRUIZMUS
DIPLOMATICKÝ
POCTIVOSŤ
LÁSKAVOSŤ
TRPEZLIVOSŤ
INTEGRITA
ĽUDSTVO
SÚCIT
OPTIMIZMUS
FILOZOFIA

RACIONALITA
REALIZMUS
ÚCTIVÝ
TOLERANCIA
ROZUMNÝ
MÚDROSŤ
HODNOTY
BENEVOLENTNÝ
DÔSTOJNOSŤ

46 - Gebäude

```
H F J I B O L E T O H U G Y X K
Y O A D N N A T S I A N Í B A K
E J S V T O B I H N Ó I D A T Š
S O D T X Y O V F E X V J S L T
M T X Y E W R L V J T E Ž S F T
Š K O L A L A V R Ň E R Á V O T
A N M A T N T R Z D P Z R K H Y
S P H Z E Z Ó E P B U I A I U F
O T T Z L J R Z X G C T G N X P
T K O Z T Z I R S Y Z A H O V G
L S X D S E U L H S N Y M B E K
K G D V O Y M I U A S V O R Ž W
K Y Y M C L W L E O E E D N A B
C H T Y M A A C I N C O M E N F
S U P E R M A R K E T F D G W C
D I V A D L O Y M Ú Z E U M X D
```

FARMA	MÚZEUM
TOVÁREŇ	STODOLA
GARÁŽ	ŠKOLA
DOM	ŠTADIÓN
HOSTEL	SUPERMARKET
HOTEL	DIVADLO
KABÍNA	VEŽA
KINO	UNIVERZITA
NEMOCNICA	STAN
LABORATÓRIUM	

47 - Essen #2

```
R X L J L X F N T P P L M R C Š
T Y B B Y E Z L L U X J K U D U
W L B R X M O B Y K X U D R J N
C U I Y A Y Y Y C B E I L H C K
O O T S A C C E J A V H G B T A
U O P C G W T W M N Z E L E R N
Č O K O L Á D A X Á X L H L U Á
P D A B U H T A V N G I G D G Ž
Š T R K V E E T P E T S Z N O A
E N T G J P R W H I R V U A J L
N Y I A P A Ľ G R A P Š V M B K
I O Č T A W D S Y R D U B V W A
C O O S G N I A C I L O K O R B
A O K L B A J Ž R B D I F Y F N
S P D J A M P Y E A Ň Š E R E Č
A N R B V A F R F C P A G T M P
```

JABLKO   ČEREŠŇA
ARTIČOK   MANDLE
BAKLAŽÁN   HUBA
BANÁN   RYŽA
BROKOLICA   ŠUNKA
CHLIEB   ČOKOLÁDA
VAJEC   ZELER
RYBY   ŠPARGĽA
JOGURT   PARADAJKA
SYR   PŠENICA

48 - Energie

```
G O L B E N T R O P I A L B G Z
E Ý G J A Ó K F H Y U I W E C N
G N F I Ý T T U R B Í N A N E E
V Ľ C F V O É J U V N S O Z H Č
T E P L O F U R O T E I V Í A I
G T F T R S C O I N X K I N L S
Z I D D D V U T E A U H L Í K T
C V B B A V P O N A F T A O Í E
E O V D J L R M Y L M B P H D N
L N M Ý K C I R T K E L E S O I
E B U S A T E D H R F T L X V E
K O Z V Y F M D E I Y S T Y N Z
T D K T X Z Y E T P G M X B A S
R N B K D O S K K X S G H Z I B
Ó S L N K O E I D E R T S O R P
N S S Z E O L Z Z B E L S M W V
```

BATÉRIA	UHLÍK
BENZÍN	MOTOR
PALIVO	JADROVÝ
NAFTA	FOTÓN
ELEKTRICKÝ	SLNKO
ELEKTRÓN	TURBÍNA
ENTROPIA	PROSTREDIE
OBNOVITEĽNÝ	ZNEČISTENIE
TEPLO	VODÍK
PRIEMYSEL	VIETOR

49 - Familie

```
L  S  Y  N  O  V  E  C  P  E  M  M  F  N  G  R
X  K  E  P  W  N  F  C  R  R  K  A  R  É  C  D
D  B  E  H  M  B  D  L  E  D  K  N  N  N  V  U
S  S  A  Ť  E  I  D  F  D  I  Y  Ž  A  N  R  Y
M  A  T  B  G  O  K  X  O  X  O  E  C  Y  D  M
B  D  E  M  I  O  T  F  K  S  V  L  C  F  O  G
F  M  T  R  L  Č  O  S  C  E  T  O  S  I  P  S
S  E  S  T  R  A  K  M  E  J  S  R  E  W  P  A
T  B  C  A  J  K  H  A  N  C  T  V  Ý  É  R  A
K  A  G  R  D  L  M  Y  A  Z  E  N  G  K  E  E
M  V  L  B  O  E  A  B  R  Z  D  U  N  S  O  U
U  A  C  E  B  Ž  T  I  T  D  U  K  Y  V  P  J
O  L  T  G  R  N  I  P  A  E  E  R  X  O  W  E
Z  M  A  K  T  A  E  V  R  D  E  N  V  C  B  B
K  J  U  C  A  M  K  D  B  K  I  K  M  T  D  A
N  E  T  E  R  L  F  V  X  O  T  P  W  O  F  X
```

BRAT	SYNOVEC
MANŽELKA	NETER
MANŽEL	STRÝKO
VNUK	SESTRA
BABIČKA	TETA
DEDKO	DCÉRA
DIEŤA	OTEC
DETSTVO	OTCOVSKÉ
MATKA	BRATRANEC
MATIEK	PREDOK

50 - Pflanzen

```
I O V G H T Y X L O V I J O N H
F V P S W L N A T Č E R B H T R
P H L T N I Z U S A G K E R X L
E W A K P K H K I Ň E R O K S E
L B O T A N I K A Z T L R I R S
F Í F X G C K W H H Á M A C H B
N B S E F A V Á R T C P S W E F
M S U T J J E U C T I A R Ó L F
K B B M O R T S K E A D M N T D
S J M F M K G W A B N A Z W Z H
B V A Ľ U Z A F K V I R B J P A
P O B R U T B D T O L H N Z C K
N U B M V S R L U A Y Á W I E I
H S M U T K K K S G B Z H G E X
Z H M B L L Í S T I E O U E K C
A V K T N E T M K L P A N R S P
```

BAMBUS	FLÓRA
STROM	ZÁHRADA
BOBULE	TRÁVA
KVET	KAKTUS
LÍSTOK	BYLINA
FAZUĽA	LÍSTIE
BOTANIKA	MACH
KER	VEGETÁCIA
HNOJIVO	LES
BREČTAN	KOREŇ

51 - Kunst

```
F D Y K G V D J O U L O Ú V A J
H Z U K C T Y J B X V B P I T E
R T P Z E D J K P V G R R Z J D
I F Ý K C I M A R E K A I U P N
E A I Y K O I J H E U Z M Á R O
Z H P O É Z I A H V S Y N L E D
I C V Y T V O R I Ť Ý L Ý N D U
K O M P L E X N É T N R I Y M C
N S Z L O Ž E N I E B J A Ť E H
C Á G A I I S K L A O N F Z T Ý
E C L O M C Y U T J S Z G X T G
H C X A U J M Ý N D O V Ô P Y U
H Z D G D R B A E F U F T F X Z
W B G Y S A O W E J R B F I I D
Y S U M Z I L A E R R U S N A V
I N Š P I R O V A N Ý J P K C D
```

VÝRAZ

ÚPRIMNÝ

JEDNODUCHÝ

PREDMET

OBRAZY

INŠPIROVANÝ

KERAMICKÝ

KOMPLEXNÉ

PÔVODNÝ

OSOBNÝ

POÉZIA

VYKRESLIŤ

VYTVORIŤ

SOCHA

NÁLADA

SURREALIZMUS

SYMBOL

VIZUÁLNY

ZLOŽENIE

52 - Kreativität

```
D M B O Y O T A G O B V I G O S
K R I N T U Í C I A M E R B B P
Y D A P Á N Z R U Č N O S Ť R O
J C T M E J O D I C R B Y S Á N
I A L H A T I Z N E T N I O Z T
T C S Z K T I C O P Z G C V O Á
V B Y N S Y I V N W K X M A K N
V I A L O H X C Z R M H U R E N
Y Í I O N S Z L K B F T P P W Y
Z V Z V J L Ť X J Ý W C K V M T
I I M I P L Y N U L O S Ť J B I
W J T E E I N Š P I R Á C I A C
P R E D S T A V I V O S Ť Z L O
V Y N A L I E Z A V Ý I Y N C P
U M E L E C K Ý V I T A L I T A
G V A P C V Ý R A Z X I Z U I S
```

VÝRAZ	INŠPIRÁCIA
PRAVOSŤ	INTENZITA
OBRÁZOK	INTUÍCIA
DRAMATICKÝ	JASNOSŤ
DOJEM	UMELECKÝ
VYNALIEZAVÝ	PREDSTAVIVOSŤ
ZRUČNOSŤ	POCIT
PLYNULOSŤ	SPONTÁNNY
POCITY	VÍZIE
NÁPADY	VITALITA

53 - Geschäft

```
E T P E O P R B M M I E S Z D M
K R C R D N E M X E N A D A R A
O A Y J E K J N W N E Z S M W N
N N G F F D K K I A E F H E K A
O S O Z I Y A B P A L V T S C Ž
M A O B L Y Y J U W Z M H T B É
I K S I Z A I C Í T S E V N I R
K C H I C W A Z L S N W C A K R
A I V O F K E R W E G A A N A O
D A Ň E I A T P P A K X E E R Z
Z A M E S T N Á V A T E Ľ C I P
N Y E N R Z Ľ A V A Ú R A D É O
E N J K A Á N Á K L A D Y G R Č
F M Í Y V C V I C C B R P T A E
I N R D O K D O H C B O P M P T
X W P M T S J Z T U Y A I P S I
```

ZAMESTNÁVATEĽ	NÁKLADY
ROZPOČET	MANAŽÉR
ÚRAD	ZAMESTNANEC
PRÍJEM	ZĽAVA
TOVÁREŇ	DANE
PENIAZE	TRANSAKCIA
OBCHOD	PREDAJ
ZISK	TOVAR
INVESTÍCIA	MENA
KARIÉRA	EKONOMIKA

54 - Ingenieurwesen

```
Š  T  V  U  O  F  S  K  N  O  H  O  P  W  Y  T
T  Z  R  P  A  D  F  N  A  E  N  E  R  G  I  A
R  Y  B  E  U  T  R  A  F  W  U  G  O  Z  F  K
U  C  B  J  N  L  R  I  T  R  E  M  E  I  R  P
K  O  K  T  B  I  E  C  A  I  P  V  O  B  R  O
T  A  R  B  G  T  E  Á  I  U  L  H  N  T  G  V
Ú  I  S  X  Z  O  J  L  C  G  O  I  W  S  O  M
R  C  W  T  X  H  O  U  Ú  P  H  Ĺ  B  K  A  R
A  K  X  M  Y  A  S  K  B  T  U  P  M  A  S  F
I  U  F  T  R  E  E  L  I  O  Y  T  Z  M  T  E
P  R  L  L  O  S  M  A  R  G  A  I  D  E  H  S
Z  T  E  S  A  I  B  K  T  G  P  S  K  R  H  M
X  Š  E  E  M  L  B  B  S  R  Á  T  W  A  O  Z
E  N  A  Y  D  A  G  S  I  T  K  R  I  N  M  T
W  O  Y  F  L  D  U  N  D  S  Y  O  U  I  P  O
Z  K  V  A  P  A  L  I  N  A  U  J  N  E  P  I
```

OS	STROJ
POHON	MERANIE
KALKULÁCIA	MOTOR
DIAGRAM	TRENIE
NAFTA	STABILITA
PRIEMER	SILA
ENERGIA	ŠTRUKTÚRA
KVAPALINA	HĹBKA
PÁKY	DISTRIBÚCIA
KONŠTRUKCIA	UHOL

55 - Kaffee

```
E  O  J  D  B  D  H  S  G  L  S  R  P  N  A  D
B  P  Y  Z  M  O  T  S  E  F  I  Z  G  L  R  H
D  J  R  U  Z  X  R  U  V  H  Y  I  T  T  Ó  C
F  V  O  D  A  F  H  J  W  C  S  K  X  X  M  J
Ť  I  P  D  X  V  F  Y  I  U  Z  O  E  H  A  P
W  Y  L  A  K  V  A  P  A  L  I  N  A  U  E  C
X  I  D  T  O  I  Z  D  W  A  G  Á  G  G  Y  B
G  L  O  K  E  I  L  M  W  X  I  R  Á  H  O  P
D  X  N  H  D  R  R  É  E  U  E  C  G  S  L  P
K  P  H  M  G  O  K  R  D  D  Ý  M  E  G  F  Ô
K  O  G  U  Z  K  O  K  A  B  L  K  B  N  T  V
U  T  Y  F  A  U  I  D  J  X  S  O  R  C  A  O
O  E  T  Z  V  C  F  R  I  E  Y  F  E  O  K  D
D  F  N  F  Y  J  Y  C  Z  J  K  E  Ť  U  H  C
R  Y  W  A  J  O  A  C  S  W  X  Í  R  A  U  X
M  L  I  E  Ť  N  Á  P  O  J  Y  N  R  E  I  Č
```

ARÓMA	RÁNO
HORKÝ	CENA
KRÉM	KYSLÝ
FILTER	ČIERNY
KVAPALINA	POHÁR
CHUŤ	PIŤ
NÁPOJ	PÔVOD
KOFEÍN	VODA
MLIEŤ	CUKOR
MLIEKO	

56 - Gemüse

```
P A R A D A J K A H C W F T E G
U M V Ľ U R K K G V T U E M U K
K B A U B A K L A Ž Á N L P U B
R W F B E P B M Y C U H O R K A
X A K I V E W U D J M W I M B Z
H R A C H T D S H U F Z F T R E
L B O G Y R C T R L T Á R E O L
S T R L P Ž K A I M E Z A K K E
U Y N V Z L V O X E P V K V O R
K M C W X E A K Č R H O K I L W
Z X L D R N K D I I M R N C I V
C E S N A K A W D T T R Y A C L
O L I V O V Ý A W E Á R K Z A H
Š P E N Á T C O X K L M A V X V
I Y C S O U W T V C A F I E A R
V H P M B Z Z O B X Š W V V H G
```

ARTIČOK	TEKVICA
BAKLAŽÁN	OLIVOVÝ
KARFIOL	PETRŽLEN
BROKOLICA	HUBA
HRACH	KVAKA
UHORKA	ŠALÁT
ZÁZVOR	ZELER
MRKVA	ŠPENÁT
ZEMIAK	PARADAJKA
CESNAK	CIBUĽA

57 - Schönheit

```
W O H F M H F Z W H O P Z D L I
K D C F N O Ž N I C E R R U W D
F O T O G E N I C K Ý O K U A M
O R N L E O G O N H S D A Ň Ô V
A A V W I L F T W X Z U D G B N
R Č I E L P E O X T F K L X D F
A L K Z A D E G L E U T O U F V
K U Č E R Y Ť L A E V Y N U I S
S S T Y L I S T A N J F Ó I G J
A M J B K R O E B Ž C E P G V S
M S T Ž E S L G R Ú O I M P E J
R C D U U D I X A R S K A D T V
B H M L J B M F F I X B Š B I R
S J V S K O Z M E T I K A N V R
V T C P B E U A P O O P H T F V
E L E G A N T N Ý K D A L H P W
```

MILOSŤ	KOZMETIKA
ČARO	RÚŽ
SLUŽBY	KUČERY
VÔŇA	OLEJE
ELEGANTNÝ	PRODUKTY
ELEGANCIA	NOŽNICE
FARBA	ŠAMPÓN
FOTOGENICKÝ	ZRKADLO
HLADKÝ	STYLISTA
KOŽA	MASKARA

58 - Tanzen

```
A  U  Ý  K  C  I  S  A  L  K  Z  K  U  Y  K  K
T  T  J  B  Y  H  O  P  E  I  X  Y  I  N  U  E
U  R  P  V  Ť  S  O  L  I  M  W  W  T  N  L  X
F  T  A  A  K  B  L  R  N  H  U  D  B  A  T  P
E  F  I  D  R  O  E  J  E  S  Y  A  S  T  Ú  R
H  O  M  P  I  T  T  D  M  O  V  O  I  V  R  E
W  K  É  Z  A  Č  N  K  U  Z  G  G  Y  O  N  S
Y  A  D  N  K  U  N  E  G  B  O  R  X  G  Y  Í
L  A  A  R  P  H  K  Ý  R  U  O  A  A  W  C  V
G  A  K  G  L  S  U  M  T  Y  R  T  K  F  G  N
P  C  A  E  Y  N  L  Á  U  Z  I  V  Š  I  I  Y
S  E  I  M  Ý  N  T  S  O  D  A  R  Ú  I  I  A
W  O  C  P  G  K  Ú  Z  V  H  K  V  K  E  V  G
N  B  Ó  O  R  X  R  N  E  S  C  V  S  Z  F  V
O  G  M  X  D  K  A  S  K  O  K  O  P  M  H  Z
U  C  E  U  U  P  D  Z  J  E  M  A  T  V  X  J
```

AKADÉMIA	KULTÚRNY
MILOSŤ	UMENIE
EXPRESÍVNY	HUDBA
POHYB	PARTNER
CHOREOGRAFIA	SKÚŠKA
EMÓCIA	RYTMUS
RADOSTNÝ	SKOK
KLASICKÝ	TRADIČNÝ
TELO	VIZUÁLNY
KULTÚRA	

59 - Ernährung

```
S  N  A  P  B  S  A  C  H  A  R  I  D  Y  Z  J
O  B  I  L  N  I  N  Y  L  O  M  Á  Č  K  A  E
T  Y  Y  B  Z  B  I  E  L  K  O  V  I  N  Y  D
H  H  Y  O  H  D  H  X  J  Y  K  E  W  D  B  L
E  I  D  J  I  S  R  E  Y  O  V  H  D  O  L  É
D  M  D  H  D  C  P  A  W  T  A  G  O  X  B  K
I  M  K  O  T  U  C  D  V  S  S  Č  P  R  U  O
É  H  M  O  T  N  O  S  Ť  Ý  E  B  A  X  K  V
T  T  L  L  R  Í  N  Y  U  X  N  T  H  S  A  Ý
A  R  G  M  N  X  N  X  H  I  I  P  H  M  Ť  N
T  Á  T  B  B  O  F  I  C  U  E  D  V  W  X  E
I  V  S  T  H  T  O  Ž  U  G  F  Y  S  F  L  Ž
L  E  V  D  B  U  E  I  R  Ó  L  A  K  E  K  Á
A  N  Z  L  J  E  I  V  A  R  D  Z  S  I  S  V
V  I  F  S  A  N  B  Í  A  B  P  G  X  C  C  Y
K  E  X  E  K  P  K  N  Í  M  A  T  I  V  N  V
```

CHUŤ	KALÓRIE
VYVÁŽENÝ	SACHARIDY
HORKÝ	ŽIVÍN
DIÉTA	ČASŤ
JEDLÉ	BIELKOVINY
KVASENIE	KVALITA
ZDRAVÝ	OMÁČKA
ZDRAVIE	TOXÍN
OBILNINY	TRÁVENIE
HMOTNOSŤ	VITAMÍN

60 - Länder #1

```
I  I  T  T  N  H  V  T  A  L  I  A  N  S  K  O
R  P  Z  S  F  Z  N  Z  I  L  Y  I  S  B  Š  K
A  J  N  R  F  E  S  K  N  U  N  D  E  R  P  C
K  Y  R  Ó  A  E  Z  W  K  M  T  N  N  A  A  E
F  A  H  E  R  E  S  O  P  U  L  I  E  Z  N  M
O  K  R  I  H  S  L  B  V  O  C  D  G  Í  I  E
K  A  N  A  D  A  K  F  I  K  Ľ  R  A  L  E  N
S  L  E  Ž  L  D  W  O  E  S  O  S  L  I  L  R
Š  E  G  D  S  Z  E  K  T  N  A  G  K  A  S  D
Y  U  Y  O  L  X  R  S  N  U  W  V  E  O  K  K
T  Z  P  B  R  A  E  N  A  M  L  D  N  U  O  W
O  E  T  M  J  I  O  Í  M  U  C  I  V  A  R  B
L  N  T  A  M  A  Y  F  M  R  X  I  D  E  N  W
M  E  W  K  N  N  R  R  A  C  O  W  W  X  P  R
P  V  N  I  K  A  R  A  G  U  A  Z  O  G  G  S
N  M  A  L  I  B  U  Y  R  F  H  N  L  E  H  C
```

EGYPT	LOTYŠSKO
BRAZÍLIA	MALI
NEMECKO	NIKARAGUA
FÍNSKO	NÓRSKO
INDIA	POĽSKO
IRAK	RUMUNSKO
IZRAEL	SENEGAL
TALIANSKO	ŠPANIELSKO
KAMBODŽA	VENEZUELA
KANADA	VIETNAM

61 - Science Fiction

```
T K E F A N T A S T I C K Ý T K
W W X L T I T A J O M N Ý Ň E N
Y W T I É D P T D C E E L E C I
A W R Z N B G Ó F H F Z Y H H H
D H É S A C G X T C K I N O N Y
B Y M F L B Y F J U V O R L O D
B Y N E P W S N S B T R Á B L O
W X Y R J M B C Ý E A N R Ó P
D Y S T O P I A I V N C I N G S
G F G A L A X I A G Z L G R I V
S C E N Á R U B W I A E A V A G
F U T U R I S T I C K Ý M S I Y
H C H X J W H E R D P M I V Z P
R O B O T Y A N L B T K J E Ú E
E E U E T K R R Y T V Z W T L B
R E A L I S T I C K Ý F V O I M
```

KNIHY
DYSTOPIA
VÝBUCH
EXTRÉMNY
FANTASTICKÝ
OHEŇ
FUTURISTICKÝ
GALAXIA
TAJOMNÝ
ILÚZIA

IMAGINÁRNY
KINO
ORACLE
PLANÉTA
REALISTICKÝ
ROBOTY
SCENÁR
TECHNOLÓGIA
UTÓPIA
SVET

62 - Literatur

```
H  T  T  M  T  S  I  P  O  P  S  W  F  Z  Z  D
S  J  L  I  W  I  A  N  A  L  Ó  G  I  A  T  P
M  U  Ý  P  E  P  K  Z  B  P  R  A  J  I  T  F
M  E  T  A  F  O  R  A  L  S  A  S  X  R  B  H
Ý  R  Š  M  T  T  F  G  M  V  D  W  N  T  K  A
R  Z  T  É  J  O  B  X  K  A  I  L  S  E  Y  T
D  F  Á  T  X  V  D  S  D  S  A  A  P  L  F  A
M  V  U  V  Z  I  O  K  L  J  L  W  O  E  A  N
G  I  B  K  E  Ž  V  L  E  X  Ó  F  R  B  B  A
R  O  M  Á  N  R  E  B  C  N  G  H  O  I  D  L
O  E  V  T  J  U  A  Z  Á  S  A  O  V  E  S  Ý
T  U  B  R  Y  T  M  U  S  S  V  U  N  Z  K  Z
U  R  O  Z  P  R  Á  V  A  Č  E  S  A  K  I  A
A  P  O  E  T  I  C  K  Ý  C  O  Ň  N  X  M  S
L  I  M  K  G  G  K  M  F  Y  N  H  I  B  I  V
Z  U  X  R  T  R  A  G  É  D  I  A  E  N  J  F
```

ANALÓGIA   METAFORA
ANALÝZA   POETICKÝ
ANEKDOTA   RÝM
AUTOR   RYTMUS
POPIS   ROMÁN
ŽIVOTOPIS   ZÁVER
DIALÓG   ŠTÝL
ROZPRÁVAČ   TÉMA
BELETRIA   TRAGÉDIA
BÁSEŇ   POROVNANIE

63 - Wandern

```
K A M E N E U U S T D P H Y I K
W Z Ť L N Y A A U L M R Y L M P
D P T A D O V P M X E Í Y J J A
M W Z M Ž P A B M D F P A Á I R
F K T Í Ý K O V I D U R O T Z K
S I W L V N Ý M T L V A P A M Y
S W T K R S J T I E R V Z R D D
D S U H Y F Y B N M Y A R E V U
E B K K U I P Y N S A S L I D B
B Y E F W S O K N L S N Ý V A W
A F M K W Y V L G N E O N Z Z X
W Y P Ž I M A I C Á T N E I R O
T N B Z I K H Z V D Ú H V E U M
X D N S T Č A C X E I S A Č O P
V L R A E E V H R I N Z N K L E
Y P A X B R E P U V O C U D D S
```

VRCH
KEMP
SUMMIT
MAPA
KLÍMA
ÚTES
UNAVENÝ
POVAHA
ORIENTÁCIA
PARKY

ŤAŽKÝ
SLNKO
KAMENE
ČIŽMY
ZVIERATÁ
PRÍPRAVA
VODA
POČASIE
DIVOKÝ

64 - Globale Erwärmung

```
E N E R G I A W Y P Ý B E K G F
J G A R C F V P L O N U K A W S
A V V D I X D L T P D D O P G P
D Ý K C I T K R A U O Ú L J I O
Ú V N P E M J R G L R C O M F Z
R O W S P J M H D Á Á N G Y Z O
C J X X O Y U R M C N O I D L R
T E P L O T Y G Y I I S C O F N
W N D G P I P V E E Z Ť K U W O
C O S E U H V D S N D T Ý T U S
P L Y N V K R Í Z A E Z E D K Ť
K L Í M A G O W D L M R G R B B
P R I E M Y S E L C D D Á T A W
V L Á D A B I O T O P O A C C Z
M R L E G I S L A T Í V A S I U
D L J X U S D C B W D L S J S E
```

ARKTICKÝ   MEDZINÁRODNÝ
POZORNOSŤ   TERAZ
POPULÁCIE   KLÍMA
ÚDAJE   KRÍZA
ENERGIA   BIOTOP
VÝVOJ   VLÁDA
PLYN   TEPLOTY
GENERÁCIE   EKOLOGICKÝ
LEGISLATÍVA   VEDEC
PRIEMYSEL   BUDÚCNOSŤ

65 - Länder #2

```
B  B  I  M  F  I  J  I  K  N  V  P  K  K  E  Í
D  N  U  Z  B  E  O  A  L  B  Á  N  S  K  O  R
M  E  X  I  K  O  K  S  Z  Ú  C  N  A  R  F  S
G  Z  L  G  A  N  S  O  A  L  L  N  V  B  N  K
H  D  E  K  I  E  N  G  R  É  C  K  O  D  O  O
W  H  V  A  P  P  O  N  R  I  C  R  K  M  H  W
J  D  A  N  Ó  Á  P  Á  K  M  A  I  S  C  C  O
K  H  I  I  L  A  D  N  A  G  U  U  G  V  R
L  W  R  J  T  G  J  U  A  K  K  L  R  S  L  F
N  I  Ý  A  E  I  É  S  T  L  O  E  D  L  L  H
N  G  S  R  H  I  T  R  S  O  H  G  Ň  A  E  I
S  M  S  K  I  N  E  A  I  M  G  N  P  A  G  O
M  O  D  U  D  D  S  V  K  A  I  R  É  B  I  L
B  O  F  I  P  I  F  K  A  M  U  O  U  E  S  M
V  X  W  A  F  R  K  C  P  V  U  W  Y  U  R  A
J  A  M  A  J  K  A  X  S  M  B  L  N  A  O  D
```

ALBÁNSKO
ETIÓPIA
FRANCÚZSKO
GRÉCKO
HAITI
ÍRSKO
JAMAJKA
JAPONSKO
KEŇA
LAOS

LIBÉRIA
MEXIKO
NEPÁL
NIGÉRIA
PAKISTAN
RUSKO
SUDÁN
SÝRIA
UGANDA
UKRAJINA

66 - Fahrzeuge

```
F N U P I Ď U C L R L B R V P B
O Á S U B O T U A A I R U W N I
P K F K T L V J Z K E A S P E C
B L Y Z Ú R X I R E T F A Z U Y
O A F D M T A J N T A T F C M K
B D V L A K E K I A D P V U A E
C N A Z U E P R T A L B Y O T L
X É M C S P O J F O O R N A I I
L A B O Z C N T F T R F X G K T
A U U N J L O Y Y U N T J G Y M
Z T L H U F R B S A A V A X I E
K O A C L K K M O T O R W X F T
C N N I M X A N Á V A R A K I R
A L C H N D T R A J E K T G H O
D U I P J V R T U Ľ N Í K Y K Z
R H E M O R N M X X D W W G J Y
```

AUTO	MOTOR
LOĎ	RAKETA
AUTOBUS	PNEUMATIKY
BICYKEL	SKÚTER
TRAJEKT	TAXI
RAFT	TRAKTOR
LIETADLO	METRO
VRTUĽNÍK	PONORKA
AMBULANCIE	KARAVÁNA
NÁKLADNÉ AUTO	VLAK

67 - Musikinstrumente

```
H  B  Z  D  O  K  B  T  R  O  M  B  Ó  N  H  F
U  W  F  Y  T  L  Y  K  V  S  D  H  B  T  O  L
S  V  I  O  L  O  N  Č  E  L  O  A  A  R  B  A
L  B  F  V  K  B  G  X  W  B  A  R  N  Ú  O  U
E  K  L  A  V  Í  R  A  A  E  R  M  J  B  J  T
S  A  X  O  F  Ó  N  R  F  K  Z  O  O  K  M  A
I  Z  V  O  N  K  O  H  R  A  D  N  W  A  F  T
M  A  N  D  O  L  Í  N  A  I  V  I  I  U  C  A
K  L  A  R  I  N  E  T  H  M  T  K  P  N  H  M
B  U  B  O  N  G  U  T  D  L  V  A  Y  K  K  B
Y  L  P  E  R  K  U  S  I  E  G  N  O  G  B  U
S  A  F  F  E  J  S  M  L  J  K  I  D  S  S  R
B  N  O  X  S  V  X  X  C  T  G  B  T  U  O  Í
Z  J  Y  L  T  L  T  H  X  H  I  V  S  A  U  N
M  O  V  D  V  P  N  T  O  E  L  U  H  E  R  A
F  L  W  H  I  N  B  B  M  D  M  Z  H  G  S  A
```

BANJO	KLAVÍR
VIOLONČELO	MANDOLÍNA
FAGOT	HARMONIKA
FLAUTA	HOBOJ
HUSLE	TROMBÓN
GITARA	SAXOFÓN
ZVONKOHRA	PERKUSIE
GONG	TAMBURÍNA
HARFA	BUBON
KLARINET	TRÚBKA

68 - Blumen

```
S  B  M  Y  H  J  M  N  V  M  C  K  M  S  R  P
A  E  D  I  H  C  R  O  F  M  J  O  A  L  L  S
J  A  D  Z  T  L  Y  X  M  M  K  Y  V  N  R  T
K  O  V  M  W  I  R  H  H  P  U  Z  N  E  L  B
O  Y  O  N  O  M  A  G  N  Ó  L  I  A  Č  J  M
T  Z  T  N  A  K  N  O  V  I  P  D  Ž  N  D  F
S  J  K  I  A  D  R  S  A  I  R  H  U  I  V  I
Í  F  U  H  C  J  O  Á  N  U  C  C  R  C  B  I
L  N  Í  M  Z  A  J  L  S  I  X  J  K  A  T  A
T  Á  X  J  B  I  V  Z  E  K  E  T  Š  I  B  I
U  V  A  N  I  L  E  T  A  Ď  A  U  U  H  V  R
L  O  C  P  P  A  Ľ  U  D  N  A  V  E  L  L  E
I  G  I  L  L  Ľ  D  P  L  W  K  H  A  P  E  M
P  R  E  P  M  A  K  U  U  R  U  P  K  P  B  U
Á  O  L  F  N  A  G  A  R  D  É  N  I  A  Ú  L
N  S  B  F  I  L  L  M  E  E  S  W  W  V  K  P
```

LÍSTOK	MAGNÓLIA
GARDÉNIA	MAK
SEDMOKRÁSKA	ORCHIDEA
IBIŠTEK	PIVONKA
JAZMÍN	PLUMERIA
ĎATELINA	RUŽA
LEVANDUĽA	SLNEČNICA
ORGOVÁN	KYTICA
ĽALIA	TULIPÁN
PÚPAVA	

69 - Natur

```
D  V  J  G  D  M  N  T  S  B  P  I  U  F  C  T
Y  I  L  T  F  Y  D  A  H  V  O  V  I  F  H  N
N  T  N  W  G  N  N  B  T  I  Ä  I  K  V  H  I
A  Á  E  R  Ó  Z  I  A  Z  G  P  T  S  W  F  U
M  L  F  S  D  Z  F  W  W  C  B  E  Y  L  E  S
I  N  F  G  B  A  W  L  V  A  X  D  M  Ň  N  T
C  Y  A  P  E  S  G  T  O  B  L  A  K  Y  A  D
K  H  U  J  C  Á  T  A  R  E  I  V  Z  I  I  F
Ý  K  X  E  Ý  R  K  K  N  O  V  X  T  J  P  D
N  N  I  P  K  K  M  Ť  Š  Ú  P  G  K  M  B  D
J  V  L  D  C  L  C  A  W  M  R  I  H  M  L  A
O  Č  D  D  I  V  O  K  Ý  D  D  F  C  G  D  H
K  E  J  T  T  L  K  E  I  T  S  Í  L  K  D  O
O  L  Z  H  K  O  I  I  B  I  C  J  Z  A  Ý  R
P  Y  C  G  R  P  D  R  Ľ  A  D  O  V  E  C  Y
L  S  U  E  A  U  Z  E  U  M  E  Z  N  L  J  R
```

ARKTICKÝ	VITÁLNY
HORY	HMLA
VČELY	KRÁSA
DYNAMICKÝ	ZVIERATÁ
ERÓZIA	TROPICKÝ
RIEKA	LES
ĽADOVEC	DIVOKÝ
SVÄTYŇA	OBLAKY
POKOJNÝ	PÚŠŤ
LÍSTIE	

70 - Urlaub #2

```
A N B D P M V M N B Z J T R S O
E F K X X K L V H O U Z S T K D
H U J H X B L D H S K D H T G M
A H A G V O M O C M E H W A O
A A I C Á R U A T Š E R K C K N
V O Ľ N Ý Č A S E X U G Z F N I
A K E I H Z K C L U O N A U E K
R S I C O C E S T A V C H A L M
P I C T A S U J N V L L R M O B
E T P L Á Ž T L M P A P A V V R
R E Y H M W U R N A K A N E O R
P L W Z D S R I O E P S I M D D
C U D Z I N E C N V M A Č O D K
B F D O X S X F M V E Z N R U O
M F F T A Y A Y E D K Í Ý E L S
G T Z N T Z D B E Y C V Z S I T
```

CUDZINEC
ZAHRANIČNÝ
KEMP
LETISKO
VOĽNÝ ČAS
HOTEL
OSTROV
MAPA
MORE
PAS

CESTA
REŠTAURÁCIA
PLÁŽ
TAXI
PREPRAVA
DOVOLENKA
VÍZA
STAN
CIEĽ
VLAK

71 - Barbecues

```
R D R T W E V M V W N J B V I P
P Z V J K Y P T U N W H I I T E
B A N I N E L E Z X W V Z D L S
U R P I E A I O M Á Č K A L E M
X E N R B L R P J I V E Y I T L
K Č B K I T G F W P T R K Č O K
I E N I N K K G F Y H A L K G V
E V G I R D A H L A D S V Y R H
Š H A T E Z Ľ S U L L E M J D O
A D U E I C O V O R O D I N A B
L N N D U I S Y A E H S U Z F E
Á N U Z B B M W V A R E N I E D
T V Y R Z A J X R G R M H U Ž H
Y H O R Ú C I B D X V U A J O F
K A W Y C C V Y J O I Z K F N W
P E E L R M J Z V S Y F T K X X
```

VEČERA	VARENIE
RODINA	NOŽE
OVOCIE	OBED
VIDLIČKY	HUDBA
ZELENINA	PAPRIKA
GRIL	ŠALÁTY
HORÚCI	SOĽ
KURA	LETO
HLAD	OMÁČKA
DETI	HRY

72 - Küche

```
A  K  Č  I  N  Z  A  R  M  Z  F  R  Á  H  O  P
L  Y  Ž  I  C  E  H  Ú  W  Á  E  E  N  S  D  K
A  U  S  H  V  L  I  R  I  S  U  C  A  F  R  M
S  E  A  L  T  I  H  A  O  T  R  E  B  C  D  T
N  M  H  T  Z  F  D  R  B  E  F  P  E  H  R  T
O  K  G  R  I  L  E  L  J  R  X  T  R  L  G  Z
G  B  M  E  O  S  R  N  I  A  H  M  A  A  J  O
L  K  R  R  O  J  W  Á  O  Č  Z  R  Č  D  Y  T
E  D  S  Ú  Z  K  W  B  W  Ž  K  J  K  N  X  W
Y  C  B  X  S  E  N  Ž  C  A  E  Y  A  I  X  G
W  K  G  D  G  O  L  D  E  J  I  A  K  Č  Y  M
V  K  C  C  A  L  K  C  K  O  N  Y  B  K  G  S
K  A  N  V  I  C  A  R  F  P  E  J  U  A  B  X
V  L  F  D  C  R  L  V  T  I  R  F  H  L  U  U
T  D  K  D  T  N  O  S  T  I  O  W  X  C  U  B
M  I  S  K  A  S  F  N  K  Y  K  Č  I  L  A  P
```

JEDLO	NOŽE
PALIČKY	RÚRA
VIDLIČKY	RECEPT
MRAZNIČKA	ZÁSTERA
KORENIE	MISKA
GRIL	HUBKA
NABERAČKA	OBRÚSOK
DŽBÁN	POHÁR
CHLADNIČKA	KANVICA
LYŽICE	

73 - Geographie

```
L R H T R Ó P Y S A L T A S T H
M R L N N J Y E B U L N Y E O N
W O I W T A W S W K W E Y V I Y
W R S E L Y Y G R N T N C E V W
N Z N R K O T S E M S I D R E P
B I M O P A G B W W Z T R Z N T
C I P M Y P G I R O V N Í K L M
O F H D W A C B T R C O O Í R K
M S O H J M T U M U L K C N Y R
Z I T C Z Á P A D Y D B E D B A
K I R R R E G I Ó N L E Á U N J
S X U V O S K D C R V F N L I I
S V E T U V D M T V L M G O V N
Z E V D F F G Z M C Z V O P Y A
E Y Y O G N X L H B Y X P P O W
Ú Z E M I E H E M I S F É R A D
```

ATLAS	LOGITUDE
ROVNÍK	MORE
VRCH	POLUDNÍK
RIEKA	SEVER
ÚZEMIE	OCEÁN
HEMISFÉRA	REGIÓN
OSTROV	MESTO
MAPA	TRÓPY
KONTINENT	SVET
KRAJINA	ZÁPAD

74 - Zahlen

```
D U Ť S Á N M E S O S R J L Š P
R V K X E U E A V R N V R G T N
Y R A U V D E H I K Y X N J Y B
N T T N T G E E V Ť S Á N I R T
D D R D Á T U M R V A Y H D I D
E H I T B S É N N I T A S E D E
E T W Y S K Ť L S Á U E F X V V
P K F S L D S P U F S I M B M Ä
T C J D L A W J W C A Ť O L R Ť
V X E X A I Ť S Á N T Ä V E D S
N A J B D E S A Ť S Á N T Ä P Á
S E D E M U Á V S G R P T V W N
O S E M M Y N D E D P Ä Ť G X T
V W C L B V R C Š K A L U N A S
U R P U Z J T V N F B V E O Z E
E X Y N Z A Š A Y O Y Y D A W Š
```

OSEM	ŠESŤ
OSEMNÁSŤ	ŠESTNÁSŤ
DESATINNÉ	SEDEM
TRI	SEDEMNÁSŤ
TRINÁSŤ	ŠTYRI
PÄŤ	ŠTRNÁSŤ
PÄTNÁSŤ	DESAŤ
DEVÄŤ	DVADSAŤ
DEVÄTNÁSŤ	DVA
NULA	DVANÁSŤ

75 - Kunst Liefert

```
A T I J S M U T V L I A O S L A
D T O S S T C S B W M P R K M U
O Z R N S G O L D I P E L N D J
V O E A Y Y K L E T S A P K C F
I M I J M F K E I L A G N N M O
J T P O J E L O L Č X O U V C T
V T A T K K N K H D K C O M C O
Z G P S M S R T U A F A R P A A
T V O R I V O S Ť F A X V S E P
C E R U Z K Y W A B R G E P G A
L P D N M Y O A X R B T I X D R
H L I N A T P S M L Y R K A D Á
T A B U Ľ K A N Á P A D Y Z X T
Y V I T C P V O B M Y K K O L K
K F U M X R C T B K C Y N L H T
V X G H D V D M C P R N G F D H
```

AKRYL	OLEJ
CERUZKY	PAPIER
PASTELKY	GUMA
KEFY	STOJAN
FARBY	STOLIČKA
UHLIE	TABUĽKA
NÁPADY	ATRAMENT
FOTOAPARÁT	HLINA
TVORIVOSŤ	VODA
LEPIDLO	

76 - Tage und Monate

```
K  A  L  E  N  D  Á  R  H  M  Y  Y  P  R  U  G
N  G  N  X  Ú  K  A  T  O  B  O  S  I  N  Y  S
P  E  B  O  J  Y  I  D  K  R  T  D  A  I  M  T
O  M  D  Ň  W  K  H  R  E  B  M  E  T  P  E  S
N  F  Z  E  D  N  D  H  L  R  O  K  O  U  K  U
D  E  Y  D  Ľ  C  E  K  Ó  X  T  E  K  P  N  G
E  B  B  Ž  B  A  C  P  K  G  H  S  J  C  R  U
L  R  Š  Ý  E  I  E  N  O  V  E  M  B  E  R  A
O  U  T  T  Y  S  M  B  R  N  A  X  E  P  E  P
K  Á  V  A  V  E  B  E  O  K  R  F  Y  H  B  D
W  R  R  N  G  M  E  L  T  O  X  N  L  S  Ó  T
X  A  T  P  R  S  R  Á  U  N  A  J  R  Y  T  C
O  R  O  L  M  P  G  J  B  V  N  F  M  Z  K  U
J  E  K  G  J  T  T  U  T  V  I  X  U  U  O  R
X  Ú  N  M  O  F  J  R  T  R  R  D  D  W  V  C
P  I  L  B  G  D  K  S  A  Y  Z  G  U  I  T  R
```

AUGUST	KALENDÁR
DECEMBER	STREDA
UTOROK	MESIAC
ŠTVRTOK	PONDELOK
FEBRUÁR	NOVEMBER
PIATOK	OKTÓBER
ROK	SOBOTA
JANUÁR	SEPTEMBER
JÚL	NEDEĽA
JÚN	TÝŽDEŇ

77 - Emotionen

```
A F N F S C J S W L E L E T V M
M T K O T Ú M S W R R L M S Ď I
P Y B Y R L H Z G D A V S G A E
X R C J A D V M R A B D D K Č R
M Z E O C Y Z Y J F S S O C N Z
H C I K H A Ý N J O K O P S Ý U
R V T O V P O K O J N Ý E U Ť U
X A A P H A S B O R P N R V S C
D D P R H E P H X H N E V O O J
C W M M E G W E Z O F Š N Ľ V B
C H Y K M L W R N N U D A N A J
X Z S K U J I U G I L A E E K L
N E H A K J O É K X E N C N S Á
Y F S C S F R G F O X G J Ý Á S
F V S E D A F P X D N Z E R L K
C U C M D F V W O P O T E X B A
```

STRACH
NADŠENÝ
VĎAČNÝ
UVOĽNENÝ
RADOSŤ
LÁSKAVOSŤ
MIER
OBSAH
NUDA
LÁSKA

RELIÉF
POKOJ
POKOJNÝ
SYMPATIE
SMÚTOK
PREKVAPENIE
HNEV
NEHA
SPOKOJNÝ

78 - Das Unternehmen

```
V W N Y V W K O R K O P Z U W X
Z E H Y A P V Y N V Í T A E R K
P J R N N S A A I K X K M Y C O
J O D L D N L L E S Y M E I R P
E R D Á K G I P K D D L S I G P
D D M N X F T D G K Z U T N L R
N Z O O I T A R F N M G N V O E
O M Ž I U K Z H I X G W A E B Z
T B N S D U A F M Z R S N S Á E
K O O E C D W N U G I G I T L N
Y V S F N O V Y I G X K E Í N T
M A Ť O T R R E K E M P Á C Y Á
J F P R M P Z P O V E S Ť I A C
Í O U P K E P B P T O U D A M I
R I N O V A T Í V N Y X A F W A
P T J H E R O Z H O D N U T I E
```

ZAMESTNANIE	KREATÍVNY
JEDNOTKY	MZDY
PRÍJMY	MOŽNOSŤ
ROZHODNUTIE	PREZENTÁCIA
POKROK	PRODUKT
PODNIKANIE	PROFESIONÁLNY
GLOBÁLNY	KVALITA
PRIEMYSEL	ZDROJE
INOVATÍVNY	RIZIKÁ
INVESTÍCIA	POVESŤ

79 - Kräuterkunde

```
P  E  P  L  E  P  P  I  A  N  E  R  F  U  P  W
K  R  X  N  L  L  G  Z  Á  N  E  L  E  Z  X  U
U  Y  O  G  V  S  L  N  N  A  I  M  Y  T  C  O
C  L  R  S  G  U  G  R  Y  R  X  H  K  V  E  T
H  C  L  X  P  J  V  R  E  F  S  C  O  F  N  L
Á  R  E  T  F  E  O  K  V  A  L  I  T  A  Ó  X
R  O  K  S  Y  P  Š  C  G  Š  P  H  K  B  G  A
S  Z  I  R  N  Y  O  N  X  Ť  Y  G  C  O  A  R
K  M  N  B  M  A  C  C  Ý  U  K  Ô  P  O  R  O
Y  A  E  U  X  A  K  Z  Á  H  R  A  D  A  T  M
F  R  F  R  T  K  J  R  U  C  O  K  I  B  S  A
V  Í  N  E  P  Ž  A  O  R  C  L  L  T  M  E  T
M  N  C  R  C  O  N  E  R  M  B  A  V  V  D  I
P  E  T  R  Ž  L  E  N  F  Á  W  Z  A  R  W  C
Z  X  I  B  Y  Z  A  Ľ  U  D  N  A  V  E  L  K
Y  S  W  Z  T  F  V  S  B  W  Z  B  O  M  E  Ý
```

AROMATICKÝ	KUCHÁRSKY
BAZALKA	LEVANDUĽA
KVET	MAJORÁN
KÔPOR	PETRŽLEN
ESTRAGÓN	KVALITA
FENIKEL	ROZMARÍN
ZÁHRADA	ŠAFRAN
CHUŤ	TYMIAN
ZELENÁ	PROSPEŠNÝ
CESNAK	ZLOŽKA

80 - Aktivitäten und Freizeit

```
P  G  K  P  R  C  X  G  O  B  R  A  Z  D  P  F
D  M  V  L  E  Y  E  R  E  L  A  X  A  Č  N  Ý
C  R  H  Á  I  K  B  S  I  N  E  T  N  W  N  S
G  F  Z  V  Č  F  O  T  R  N  A  C  H  W  U
A  I  C  A  H  Í  F  F  L  O  G  E  O  G  S  R
O  O  R  N  F  N  K  V  L  O  V  M  Y  F  W  F
Y  U  X  I  C  O  F  S  V  Z  V  A  P  V  F  O
V  X  A  E  J  K  E  D  F  B  Z  F  N  T  P  V
L  O  V  T  C  Í  N  D  A  R  H  Á  Z  I  M  A
G  B  L  A  B  Z  J  E  B  S  F  X  U  Y  E  N
J  I  M  E  U  M  E  N  I  E  G  J  J  V  K  I
H  L  T  C  J  P  O  T  Á  P  A  N  I  E  H  E
C  E  Y  U  P  B  T  U  R  I  S  T  I  K  A  M
D  M  S  O  P  I  A  B  A  S  K  E  T  B  A  L
F  U  T  B  A  L  D  L  A  O  L  N  L  N  B  N
B  J  H  N  D  I  B  K  Y  R  L  N  N  R  M  G
```

RYBOLOV	KONÍČKY
BEJZBAL	UMENIE
BASKETBAL	CESTOVANIE
BOXU	PLÁVANIE
KEMP	SURFOVANIE
RELAXAČNÝ	POTÁPANIE
FUTBAL	TENIS
ZÁHRADNÍCTVO	VOLEJBAL
OBRAZ	TURISTIKA
GOLF	

81 - Formen

```
B  T  H  R  A  N  O  L  E  O  S  T  R  A  N  A
O  R  Ú  C  M  H  L  U  L  F  K  O  B  L  Ú  K
K  O  F  R  X  Y  T  M  I  T  I  R  R  J  K  N
O  J  M  B  K  P  M  S  P  K  N  N  Ú  Z  Í  I
C  U  A  H  C  E  C  V  S  U  Ž  K  R  H  N  L
K  H  Z  P  S  R  Y  U  A  U  Ĺ  L  U  O  L  L
A  O  W  I  M  B  T  U  V  F  D  D  M  W  O  Y
E  L  P  J  F  O  L  Z  G  Z  B  F  U  G  H  K
O  N  Z  Y  V  L  D  O  W  R  O  J  I  T  U  S
A  Í  S  Z  R  A  E  V  K  R  U  H  N  T  O  X
F  K  C  E  L  A  V  Á  G  V  K  G  C  E  H  O
F  L  Z  J  G  K  M  L  N  B  R  I  K  M  O  G
R  V  Z  J  M  U  N  Í  Z  U  I  F  J  H  N  K
E  H  T  U  I  Ž  F  M  D  P  V  B  C  C  M  G
B  E  I  T  S  E  M  Á  N  A  K  V  I  S  L  B
A  W  L  P  D  Ľ  J  E  E  J  A  R  K  O  I  V
```

OBLÚK	OVÁL
TROJUHOLNÍK	MNOHOUHOLNÍK
RÚT	HRANOL
ELIPSA	PYRAMÍDA
HYPERBOLA	NÁMESTIE
OKRAJE	OBDĹŽNIK
KUŽEĽ	OKRÚHLY
KRUH	STRANA
KRIVKA	KOCKA
LINKA	VALEC

82 - Musik

```
R H A R M O N I C K Ý K K S L S
J E R Y T M U S O P E R A W G P
T X F H U D O B N Í K P U S C E
C B E R T O Y L L Y R I C K Ý V
I G C G É M E L Ó D I A P O A Á
B C S H X N I C V K M O A P S K
T Ý K C I T E O P X K D D S U O
T K I M P R O V I Z O V A Ť B S
M C L N T G R F K M P H L M A S
U I Á Z V P W Y U V M J Ú O L W
B S K F A X A D T E E M S B A W
L A I R P S S P M T S R N D E
A L Z J O R T S Á N I N S R A A
C K U I W F H Z F T S C B G N U
E N M E Z D Ó H V B P A K S I A
S P I E V A Ť N R S V D L Ý U X
```

ALBUM	MIKROFÓN
BALADA	MUZIKÁL
REFRÉN	HUDOBNÍK
SÚLAD	OPERA
HARMONICKÝ	POETICKÝ
IMPROVIZOVAŤ	RYTMICKÝ
NÁSTROJ	RYTMUS
KLASICKÝ	SPEVÁK
LYRICKÝ	SPIEVAŤ
MELÓDIA	TEMPO

83 - Antiquitäten

```
D N S V P A I K I J Ý F Y A X E
E E C J E U E N O B R A Z Y H L
K O R X X T C J V V A T S K O E
O B W N L E Z R K E T K Y R D G
R V A T O N D O H K S O V E R A
A Y N B G T U T I P N T T P H N
T K I Z S I S M L J O Y Í Š A T
Í L O R Y C U T E F L B Z C T N
V Ý F K B K G C O N H Á V P I Ý
N J E P L Ý T Š S R I N D V L A
Y G A L É R I A R K O E R V A H
F I S O M X I G M O K Č K L V C
D X A C E N A Z D G O J I L K O
J A K C J M N T D K E S I E A S
Y U G H N A D Š E N E C G B L Y
O H U B E A G M I N C E B P E J
```

STARÝ
AUTENTICKÝ
DEKORATÍVNY
ELEGANTNÝ
NADŠENEC
GALÉRIA
OBRAZY
INVESTÍCIA
STOROČIE
UMENIE

NÁBYTOK
MINCE
CENA
KVALITA
ŠPERKY
SOCHA
ŠTÝL
NEOBVYKLÝ
HODNOTA
STAV

84 - Adjektive #2

```
A U T E N T I C K Ý H O Z P Z W
J T V I Y F F J N K L U J R A Z
M R U T K J F F Y O A K D O U O
W D E C C O O E N V D B R D J D
J P K H N Y V W L I N V A U Í P
V W M J V J Y K Á D Ý I M K M O
K H F Y Z J F M M Y W O A T A V
R E Ý N E Z D O R I R P T Í V E
E S V V Y L U V O M M T I V Ý D
A H O Á T V P M N J K K C N E N
T Ý N L I S J E D L É F K Y G Ý
Í K S S A L R W P O L A Ý F W T
V X S H O A L E L E G A N T N Ý
N L F R O N E E Č V Y R A F B D
Y A I D Y Ý V A R D Z V H A V U
W J S Ý N S I P O P E R R M L M
```

AUTENTICKÝ	KREATÍVNY
SLÁVNY	PRIRODZENÝ
POPISNÝ	NOVÝ
DRAMATICKÝ	NORMÁLNY
ELEGANTNÝ	PRODUKTÍVNY
JEDLÉ	SLANÝ
ČERSTVÝ	SILNÝ
ZDRAVÝ	HRDÝ
HLADNÝ	ZODPOVEDNÝ
ZAUJÍMAVÝ	DIVOKÝ

85 - Kleidung

```
L  Z  F  R  Y  S  N  Í  Ž  D  P  Y  T  T  J
G  Á  G  J  U  Y  V  Á  N  K  A  N  N  B  V  C
F  S  D  B  K  K  K  A  H  D  D  C  V  O  L  B
D  T  J  D  B  R  A  G  X  R  E  T  E  V  S  P
K  E  R  E  G  E  D  V  M  P  D  U  O  C  I  Y
O  R  T  K  R  P  N  X  I  Z  Z  E  O  W  H  Ž
Š  A  P  O  S  Š  U  R  O  C  Z  B  L  Á  Š  A
E  D  R  M  K  Ú  B  O  L  K  E  L  M  N  U  M
Ľ  P  L  A  Ň  K  U  S  I  P  R  Ú  H  T  Í  Á
A  T  L  R  S  H  P  Á  M  W  T  Z  M  A  M  K
O  O  F  Á  D  M  S  P  H  A  Z  K  T  U  Ó  K
T  P  T  N  Š  B  F  V  T  Y  W  A  C  A  D  N
K  Á  H  U  F  Ť  J  N  L  J  I  E  Y  T  A  Š
I  N  U  M  E  N  O  H  A  V  I  C  E  W  T  K
V  K  L  Z  Y  Y  K  E  I  B  J  H  J  L  T  D
W  A  I  H  O  C  P  F  R  P  V  U  X  L  Z  P
```

NÁRAMOK	ŠATY
BLÚZKA	PLÁŠŤ
PÁS	MÓDA
NÁHRDELNÍK	SVETER
RUKAVICE	SUKŇA
KOŠEĽA	ŠÁL
NOHAVICE	PYŽAMÁ
KLOBÚK	ŠPERKY
BUNDA	TOPÁNKA
DŽÍNSY	ZÁSTERA

86 - Haus

```
S  K  H  Ž  R  P  H  C  I  S  D  F  F  J  I  V
P  R  U  Á  N  E  X  W  Z  T  V  D  P  K  H  D
Á  B  J  R  Í  A  S  O  B  R  E  W  M  L  Y  U
L  T  L  A  M  P  A  T  A  O  R  O  N  K  O  F
Ň  W  B  G  O  X  D  G  R  P  E  B  T  U  M  T
A  S  L  P  K  Y  A  N  R  E  O  O  D  C  E  A
E  I  E  E  E  S  R  Y  O  W  C  C  H  H  T  I
H  N  D  F  I  I  H  G  E  N  E  H  Z  Y  L  K
D  J  Z  B  L  V  Á  V  A  Z  I  P  A  Ň  A  A
B  N  Y  R  B  M  Z  V  F  N  V  F  N  A  C  G
O  J  O  D  K  N  Á  B  Y  T  O  K  E  H  I  E
J  K  P  O  E  A  C  R  C  J  R  T  T  C  N  A
V  Z  G  T  V  U  D  A  H  N  K  I  S  R  Ž  K
M  U  A  N  K  E  J  L  N  X  D  Z  F  P  I  K
J  L  O  V  N  G  M  Y  O  Z  O  S  F  S  N  W
S  S  A  P  R  T  T  H  E  H  P  X  Y  Z  K  K
```

METLA	KUCHYŇA
KNIŽNICA	LAMPA
STRECHA	NÁBYTOK
PODKROVIE	SPÁLŇA
STROP	KOMÍN
SPRCHA	ZRKADLO
OKNO	DVERE
GARÁŽ	STENA
ZÁHRADA	PLOT
KRB	IZBA

87 - Bauernhof #1

```
U Y L A D Ô P H D M P K Ô Ň A C
Y L O Ž T H L N H K B R N D E M
U V P Y K W O O M E D K A Z O K
N R A R U K T J V L P R L S E P
S N T Y Z D X I P O F A E F A G
Y O Y R N A N V N P K V Č D K S
L H M O O R B O N M U A V G Č E
U D E Á O X P X J H C N A J A S
R Z C A R K G D Y W E A X G M E
W K X V E S H H C X V R O J S N
X L D S O A O V N F U V A J K O
G T E Ľ A D A N A M Y U P S U R
Z Z I J F G A Z B Z M E T I A V
S P F O L B A X U P T B A B I J
J H A L H N J K W N U S X H G I
W V A C T I R U R U E Y A R P I
```

VČELA	VRANA
HNOJIVO	KRAVA
SOMÁR	PÔDA
POLE	KÔŇ
SENO	RYŽA
MED	LOPATY
KURA	PRASA
PES	VODA
TEĽA	PLOT
MAČKA	KOZA

88 - Regierung

```
R  K  T  E  A  L  Ý  P  A  V  A  T  S  Ú  S  R
E  F  S  D  G  Z  N  R  A  N  O  K  Á  Z  P  U
G  E  H  X  X  J  J  X  I  B  D  D  N  G  R  L
U  K  W  T  V  M  O  D  C  W  I  Z  C  F  A  B
D  U  R  V  W  R  K  K  A  V  Á  R  P  A  V  J
P  A  K  F  H  E  O  Í  R  V  Y  D  N  K  O  P
I  D  W  Ý  L  Č  P  N  K  E  I  E  I  D  T
R  O  V  N  O  S  Ť  T  O  Y  S  S  Z  T  L  M
D  B  G  D  B  T  R  Ä  M  Y  N  K  Á  I  I  Š
F  O  Y  O  M  I  G  M  E  H  A  U  V  L  V  T
O  L  R  R  Y  H  W  A  D  R  I  S  I  O  O  Á
U  S  K  Á  S  A  O  P  E  S  Č  I  S  P  S  T
T  P  V  N  X  D  D  B  O  B  A  L  B  Ť  H
T  H  U  K  D  S  M  C  I  F  O  E  O  P  D  P
Z  V  K  C  G  L  X  G  D  P  N  X  S  P  C  B
J  M  T  T  E  E  T  G  U  B  V  X  Ť  F  N  R
```

OKRES	NÁROD
DEMOKRACIA	NÁRODNÝ
PAMÄTNÍK	POLITIKA
DISKUSIA	PRÁVA
SLOBODA	REČ
POKOJNÝ	ŠTÁT
VODCA	SYMBOL
SPRAVODLIVOSŤ	NEZÁVISLOSŤ
ZÁKON	ÚSTAVA
ROVNOSŤ	OBČIANSKY

89 - Berufe #1

```
B  K  J  E  M  R  U  X  N  T  J  H  T  K  J  K
U  C  Y  C  Ó  E  N  E  R  Y  D  F  A  A  S  L
B  J  M  B  N  N  C  A  É  V  X  H  N  R  R  E
O  B  H  M  O  É  E  H  T  K  A  A  E  T  D  N
G  E  B  F  R  R  V  Y  A  Í  T  W  Č  O  I  O
U  E  A  V  T  T  O  O  L  N  S  X  N  G  L  T
W  M  O  K  S  G  L  I  A  B  I  X  Í  R  B  N
Y  R  E  L  A  D  W  R  T  O  R  K  K  A  A  Í
Y  V  A  L  Ó  P  O  U  Š  D  I  I  C  F  N  K
B  M  S  E  E  G  K  U  N  U  V  N  F  H  K  H
E  G  S  E  K  C  S  H  I  H  A  V  W  H  Á  D
D  P  Ú  Č  T  O  V  N  Í  K  L  Á  K  N  R  P
P  S  Y  C  H  O  L  Ó  G  C  K  R  Á  K  E  L
V  E  Ľ  V  Y  S  L  A  N  E  C  P  A  L  H  X
S  E  S  T  R  A  V  E  T  E  R  I  N  Á  R  T
E  F  M  G  N  F  J  K  J  L  N  A  M  P  T  V
```

LEKÁR	SESTRA
ASTRONÓM	UMELEC
BANKÁR	MECHANIK
VEĽVYSLANEC	HUDOBNÍK
ÚČTOVNÍK	KLAVIRISTA
GEOLÓG	PSYCHOLÓG
LOVEC	PRÁVNIK
KLENOTNÍK	TANEČNÍK
KARTOGRAF	VETERINÁR
INŠTALATÉR	TRÉNER

90 - Adjektive #1

```
P  J  I  B  F  S  W  K  G  T  G  R  E  I  Ť  G
Y  O  H  Ý  K  C  I  T  A  M  O  R  A  Y  A  I
K  P  M  N  K  X  D  W  T  A  F  I  J  N  Ž  I
N  R  N  A  S  N  Ô  Y  X  V  S  B  S  V  K  Š
B  L  L  I  L  T  L  B  B  Ý  T  Z  I  Í  Ý  Ť
Z  K  B  K  J  Ý  E  A  F  Y  N  V  Í  T  K  A
U  K  F  Y  Z  F  Ž  P  Ý  Y  X  N  M  K  N  S
D  M  S  Y  J  E  I  S  T  N  W  E  O  A  E  T
O  L  E  N  F  V  T  G  V  S  M  V  D  R  T  N
K  S  T  L  A  G  Ý  L  P  Á  J  I  E  T  P  Ý
O  F  U  G  E  R  Z  H  U  R  P  N  R  A  I  N
N  L  D  S  C  C  G  G  D  K  A  N  N  P  P  Ž
A  E  N  P  S  Ý  K  O  B  L  H  Ý  Ý  D  Ú  O
L  B  G  D  Z  Z  T  Ý  N  N  E  C  H  P  Y  T
Ý  C  V  M  U  X  O  B  R  O  V  S  K  Ý  F  O
A  B  S  O  L  Ú  T  N  Y  T  U  K  S  N  L  T
```

ABSOLÚTNY	POMALÝ
AKTÍVNY	MODERNÝ
AROMATICKÝ	DOKONALÝ
ATRAKTÍVNY	OBROVSKÝ
TMAVÝ	KRÁSNY
TENKÝ	ŤAŽKÝ
ÚPRIMNÝ	HLBOKÝ
ŠŤASTNÝ	NEVINNÝ
TOTOŽNÝ	CENNÝ
UMELECKÝ	DÔLEŽITÝ

91 - Geometrie

```
N  S  C  S  T  B  U  B  H  U  M  P  B  P  B  P
C  Á  Y  K  Z  I  R  V  S  D  K  Y  V  A  T  R
M  L  M  M  H  M  O  T  N  O  S  Ť  Ý  R  E  I
F  O  Y  E  E  R  W  G  S  W  L  H  Š  A  Ó  E
R  G  N  X  S  T  N  E  M  G  E  S  K  L  R  M
P  I  L  H  F  T  R  A  R  R  I  J  A  E  I  E
O  K  Á  O  A  A  I  I  O  O  D  W  B  L  A  R
V  A  T  B  K  V  X  E  A  Z  O  G  W  N  C  E
R  S  N  K  R  I  V  K  A  M  P  F  G  Ý  K  W
C  R  O  V  N  I  C  E  F  E  V  E  J  Z  C  U
H  B  Z  U  H  O  L  W  V  R  G  V  U  R  E  M
M  D  I  H  K  K  Í  N  L  O  H  U  J  O  R  T
W  Z  R  H  D  N  R  W  K  T  L  K  O  L  D  H
L  C  O  K  F  Y  Z  U  B  K  W  V  B  S  Z  P
S  V  H  M  X  G  O  M  H  W  W  S  W  Í  C  U
K  A  L  K  U  L  Á  C  I  A  Z  R  P  Č  S  U
```

PODIEL	LOGIKA
KALKULÁCIA	HMOTNOSŤ
ROZMER	ČÍSLO
TROJUHOLNÍK	POVRCH
PRIEMER	PARALELNÝ
ROVNICE	NÁMESTIE
HORIZONTÁLNY	SEGMENT
VÝŠKA	SYMETRIA
KRUH	TEÓRIA
KRIVKA	UHOL

92 - Jazz

```
K S E L T O P F M Z W S A W O U
T O T F U M E Y M P A K V B E L
A Y N V Á L S D Y F P L Ý T Š U
L V F C L A V M U B L A J S G P
E D X C E L E M U E A D O T T X
N S Ó L O R J B A S K A B A N C
T J P Ž S K T K B O I T Ľ R B Y
Y O D F Á Z B A E A N E Ú Ý N E
X A I C Í N B O D U H Ľ B G J P
R Y T M U S E P N G C H E U H I
V T R T C T Z R I E E U N Y E R
D V E A U A T R I E T N É J B T
O R C H E S T E R L S R F S Z T
J G C C M Y M N G Y K E N O V Ý
I M P R O V I Z Á C I A Ň M Z D
I S E O H S H U D B A M R P I Y
```

ALBUM	PIESEŇ
STARÝ	HUDBA
POTLESK	HUDOBNÍCI
SLÁVNY	NOVÝ
OBĽÚBENÉ	ORCHESTER
ŽÁNER	RYTMUS
IMPROVIZÁCIA	SÓLO
SKLADATEĽ	ŠTÝL
KONCERT	TALENT
UMELEC	TECHNIKA

93 - Mathematik

```
O P U H L Y L J H V K H P Y I J
B Z A K I T E M T I R A R M Z K
V A I R T E M Y S D N K I I F E
O P U V A D F O E I T S E M Á N
D R O L U L Z R A V N D M T Z R
Y E O L O F E E J O E E E R H O
X S R V O I F L G F N S R O S V
L P Z P N M Z L N B O A O J F N
K O L M Ý I E M G Ý P T B U É O
Z W B K L X C R K S X I D H R B
V E I D T O F E J Ú E N Ĺ O A E
Z L O M O K R G K Č M N Ž L V Ž
G E O M E T R I A E P É N N Z N
I E B R L V O G M T W W I Í K Í
M N O H O U H O L N Í K K K K K
E M X E W W Z J F K A R L F W J
```

ARITMETIKA	ROVNOBEŽNÍK
ZLOMOK	MNOHOUHOLNÍK
DESATINNÉ	NÁMESTIE
TROJUHOLNÍK	POLOMER
PRIEMER	OBDĹŽNIK
EXPONENT	KOLMÝ
GEOMETRIA	SÚČET
ROVNICE	SYMETRIA
SFÉRA	OBVOD
PARALELNÝ	UHLY

94 - Boxen

```
Z  C  B  P  U  P  Z  O  B  U  N  N  Y  S  V  I
K  R  E  O  M  N  Y  D  O  B  E  L  L  Ú  Y  Z
K  T  U  M  K  A  C  X  J  L  Ť  X  H  P  Č  L
O  D  M  Č  Á  C  T  C  O  Y  E  T  C  E  E  O
P  O  P  I  N  D  J  S  V  N  K  T  Ý  R  R  N
R  P  J  D  A  O  S  N  N  T  A  Ú  R  U  P  P
J  K  L  D  L  H  S  L  Í  C  L  R  P  U  A  B
V  F  I  I  M  Z  V  Ť  K  E  B  W  G  F  N  K
M  S  W  H  O  O  X  A  S  R  D  U  R  G  Ý  W
W  W  H  R  O  R  D  R  H  Ä  V  W  U  M  E  C
E  I  R  N  E  C  Y  E  O  Y  P  G  K  O  B  I
T  O  R  Y  W  I  J  M  D  F  I  N  A  L  I  S
V  P  O  F  R  P  G  A  D  A  R  B  V  X  I  V
A  I  N  E  N  A  R  Z  D  V  U  F  I  S  E  M
U  L  N  G  N  P  H  V  P  N  I  E  C  L  D  R
W  O  B  N  O  V  E  N  I  E  M  T  E  G  L  Z
```

RÚT	KOP
LAKEŤ	BRADA
VYČERPANÝ	TELO
PÄSŤ	BODY
ZRUČNOSŤ	OBNOVENIE
ZAMERAŤ	ROZHODCA
SÚPER	RÝCHLY
BELL	LANÁ
RUKAVICE	SILA
BOJOVNÍK	ZRANENIA

95 - Psychologie

```
Z L E O M P Z Y D V R O M N O M
J K I A É E T B W E P L Z B P Y
K O N F L I K T M U T L U S P Š
B U A Y B N J I F Ť W S Y N S L
C V V A O A U C P S B B T V Y I
T J Á K R V T O T O G E H V Y E
E U R L P O A P D N Z I B U O N
R V P I T N I L B B H N P O T K
A N S N H E P S A O W E A B Y Y
P Í L I E M O R Y S I T T N H W
I M N C A Y G F O O F O I B I W
A A Á K L V L D U P Y N L L M E
R N P Ý M O D E V E N D A K Y X
S I A P L K F G G E Y O E M A N
U E D U I I Z U E E F H R H G D
H K Y P O D V E D O M I E M W I
```

HODNOTENIE	OSOBNOSŤ
NEVEDOMÝ	PROBLÉM
EGO	POCIT
VPLYVY	VYMENOVANIE
MYŠLIENKY	TERAPIA
NÁPADY	SNY
DETSTVO	PODVEDOMIE
KLINICKÝ	SPRÁVANIE
POZNANIE	VNÍMANIE
KONFLIKT	REALITA

96 - Bauernhof #2

```
Z J L V O K A Č I C A T F J P C
G R T N E V O O O W M R A A A K
G X E V A M O T X C A A R Č S K
E Z R L X H M C K M L K M M T G
H M U R Ý E G W I O V T Á E I U
D T J G L O V C E E G O R Ň E Z
T C M Ľ Ú I T F Z W H R E M R X
S W U U K P Š E N I C A I L F E
L D L B A C I R U K U K Z I Z L
S F S U Z Ň L J T M E U X E E L
U Y J Z I W H F S F I Z V K B T
E I N A V O Ž A L V A Z S O M G
Z E L E N I N A J U B V P I Y K
X U S S T O D O L A Z Z Y I O V
U H K V G Z Z S A D Y I W S N O
F R P I R V E T E R N Ý M L Y N
```

FARMÁR	MLIEKO
ZAVLAŽOVANIE	SAD
ÚĽ	ZRELÝ
KAČICA	OVCE
OVOCIE	PASTIER
ZELENINA	STODOLA
JAČMEŇ	TRAKTOR
LAMA	PŠENICA
JAHŇA	LÚKA
KUKURICA	VETERNÝ MLYN

97 - Gartenarbeit

```
H  K  Z  G  J  J  V  L  W  H  H  O  B  K  J  O
R  L  W  U  V  K  W  H  I  X  X  R  Z  D  E  W
U  Y  Í  O  O  I  Y  U  B  S  A  B  R  U  D  F
P  O  J  S  E  S  Z  T  W  W  T  C  Y  K  L  R
Ý  K  C  I  T  O  X  E  I  Š  P  I  N  A  É  U
E  U  T  I  C  I  Z  V  F  C  I  S  N  C  J  I
N  G  B  Ý  V  P  E  K  I  J  A  C  Ó  I  I  E
V  L  H  K  O  S  Ť  H  U  R  D  X  Z  D  P  F
F  Z  U  C  H  Z  U  T  B  E  Ô  E  E  A  P  F
S  A  D  I  E  R  Y  F  G  N  P  C  S  H  U  Z
C  D  O  N  D  P  B  N  H  J  W  Z  Z  P  B  P
T  O  B  A  K  U  X  K  P  A  A  A  L  F  B  D
L  V  X  T  T  X  V  Y  T  T  S  O  P  M  O  K
E  J  U  O  S  L  E  B  Á  N  E  M  E  S  N  J
U  G  G  B  D  B  U  U  A  O  K  L  Í  M  A  O
X  P  T  R  O  H  F  Z  F  K  H  Z  Y  D  O  U
```

DRUH	KOMPOST
LIST	LÍSTIE
KVET	SAD
PÔDA	SEMENÁ
BOTANICKÝ	SEZÓNNY
KONTAJNER	HADICA
JEDLÉ	ŠPINA
EXOTICKÝ	KYTICA
VLHKOSŤ	VODA
KLÍMA	

98 - Berufe #2

```
N A N W M F F I L O Z O F K N D
O S D D V A U V Ý S K U M N Í K
V T Z H D R L Č V Z Y J K T Z L
I R Á R B G Y I I O B C D I E I
N O H F L O P D A T O L I P L R
Á N R H M T R Y O R E P H U G J
R A A I E O L E K Á R Ľ V H J H
N U D S C F U A T S I V G N I L
N T N B I O L Ó G W L Y Ó H R D
C V Í T K E T E D C D N L U M L
G H K Í N V O H I N K Á O P E K
G S I S P I X U K U T L O Y A Y
E E A R E I N I Ž N I E Z K M V
M Z F H U Z U B Á R E Z A J X W
H R O T Á R T S U L I C A S X L
C G C G J T G F P U V A E J A X
```

LEKÁR	ILUSTRÁTOR
ASTRONAUT	INŽINIER
KNIHOVNÍK	NOVINÁR
BIOLÓG	UČITEĽ
CHIRURG	LINGVISTA
DETEKTÍV	MALIAR
VYNÁLEZCA	FILOZOF
VÝSKUMNÍK	PILOT
FOTOGRAF	ZUBÁR
ZÁHRADNÍK	ZOOLÓG

99 - Wetter

```
U O Z A F D O X X O C B O L V F
H V T H Y G J J Z N F L A Z M I
T P W X F D B R F R D E G W L T
P O A H Ú D D X M X L S F E P N
C X R O T E I V M I P K W A L H
X U É N C S Y G P R U H S G V G
L R F Ú Á K L Í M A A R R G O S
T U S Z J D S O H G A U P O P U
E Y O N R A O A C P C Z U B M C
P A M O A Ľ N E B A M R A K H H
L O T M O N L L B Y L G V X N O
O M A B Ú R K A V V F M J H F M
T K O W I E J Y Á S U C H Ý S B
A G H B D Y D Y N R Á L O P S D
I N M T U E A H O H U R I K Á N
V M O F T Z I Ý K C I P O R T X
```

ATMOSFÉRA	HMLA
BLESK	POLÁRNY
VÁNOK	DÚHA
HROM	BÚRKA
SUCHO	TEPLOTA
ĽAD	TORNÁDO
NEBA	SUCHÝ
HURIKÁN	TROPICKÝ
KLÍMA	VIETOR
MONZÚN	MRAK

100 - Chemie

```
S  W  B  M  S  N  D  R  T  O  F  B  K  Y  I  K
A  D  R  Z  T  A  M  P  H  E  X  P  K  V  E  Y
Ý  D  U  F  H  V  Ý  U  W  Ľ  P  B  Í  W  Z  S
K  A  T  A  L  Y  Z  Á  T  O  R  L  D  G  S  E
C  N  R  M  P  X  N  Ó  I  S  L  Y  O  H  O  L
I  I  U  E  K  V  E  N  Z  R  A  O  V  T  L  I
N  L  W  C  A  N  M  V  X  P  X  C  L  E  A  N
A  A  J  E  Ý  K  C  I  L  A  K  L  A  X  I  A
G  P  Z  F  K  L  C  K  T  G  O  M  E  F  I  O
R  A  Z  S  R  M  Z  I  H  M  O  T  N  O  S  Ť
O  V  K  Y  S  L  Í  K  A  J  A  D  R  O  V  Ý
Y  K  M  O  L  E  K  U  L  A  U  H  L  Í  K  B
P  L  Y  N  Ó  R  T  K  E  L  E  C  H  L  Ó  R
C  H  V  C  R  W  W  G  S  T  P  Y  E  V  A  F
S  X  G  W  O  A  U  N  U  G  E  M  R  O  X  S
H  R  Y  I  E  Z  N  T  E  P  L  O  K  C  W  W
```

ALKALICKÝ	UHLÍK
CHLÓR	MOLEKULA
ELEKTRÓN	JADROVÝ
ENZÝM	ORGANICKÝ
KVAPALINA	REAKCIA
PLYN	SOĽ
HMOTNOSŤ	KYSLÍK
TEPLO	KYSELINA
IÓN	TEPLOTA
KATALYZÁTOR	VODÍK

1 - Gesundheit und Wellness #2

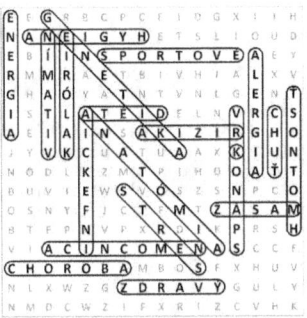

2 - Ozean

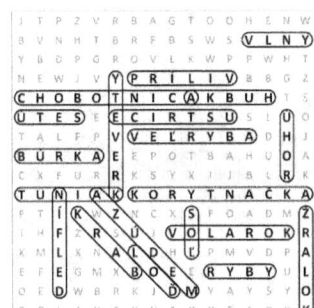

3 - Krankheit

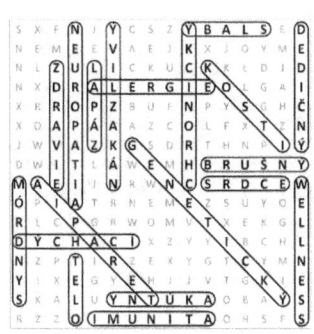

4 - Meditation

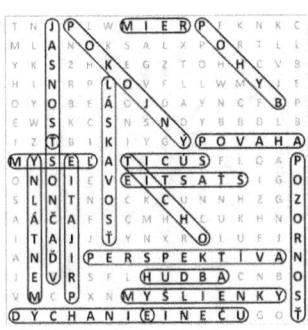

5 - Archäologie

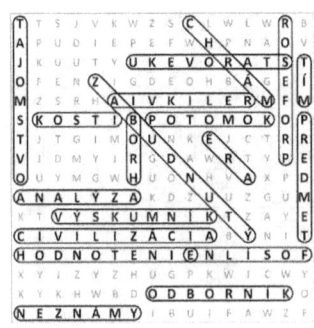

6 - Insekten

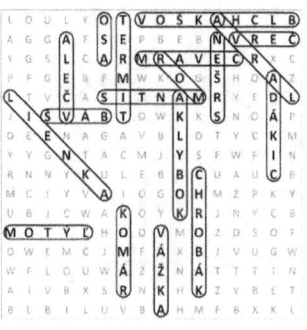

7 - Gesundheit und Wellness #1

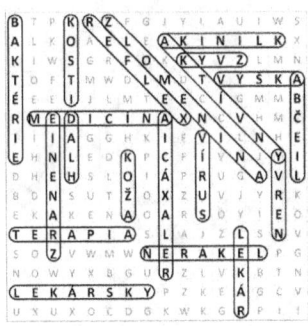

8 - Obst

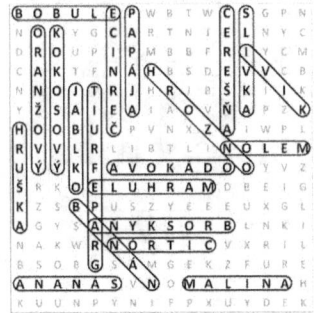

9 - Universum

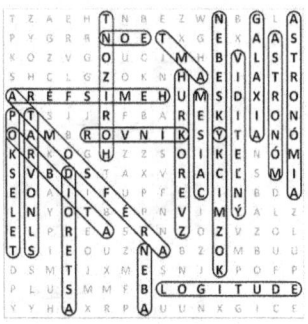

10 - Camping

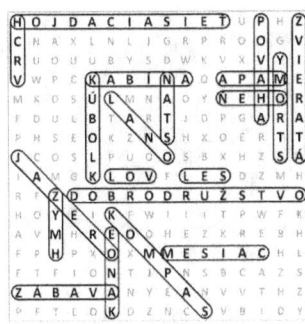

11 - Zeit

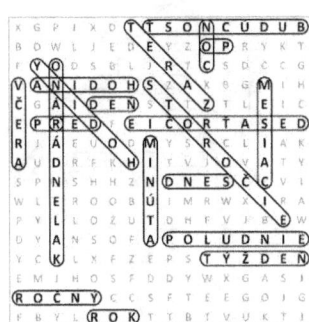

12 - Säugetiere

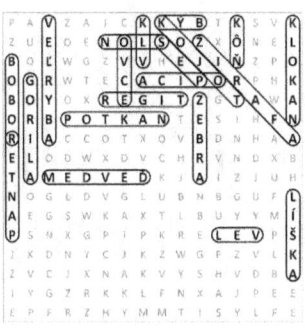

13 - Algebra

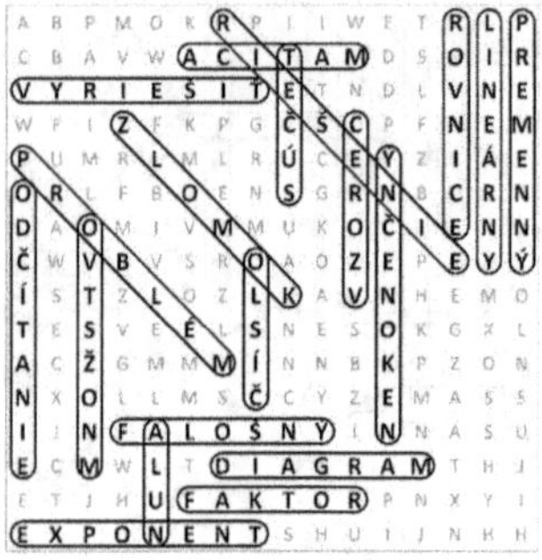

14 - Philanthropie

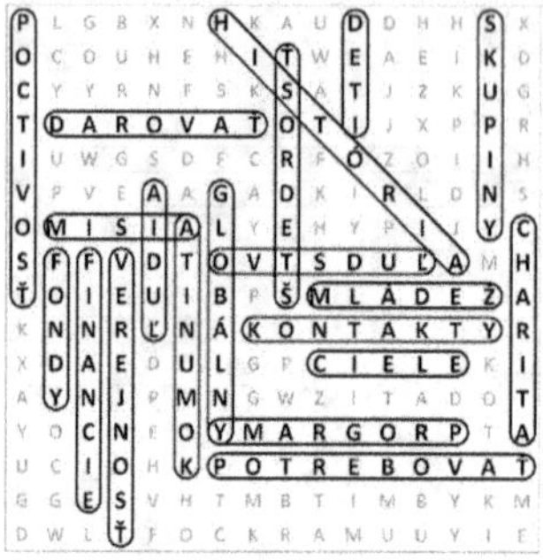

15 - Diplomatie

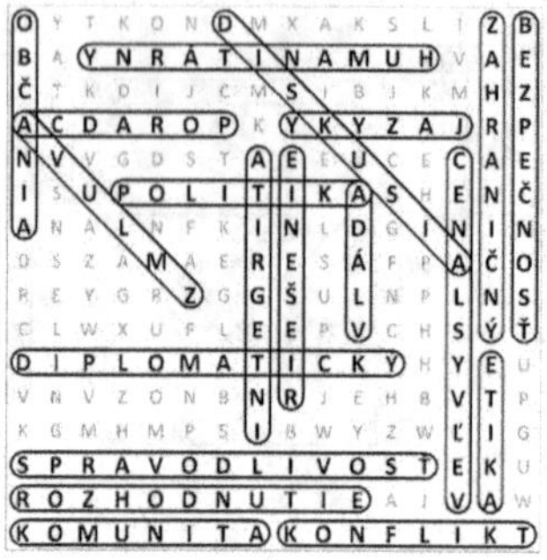

16 - Astronomie

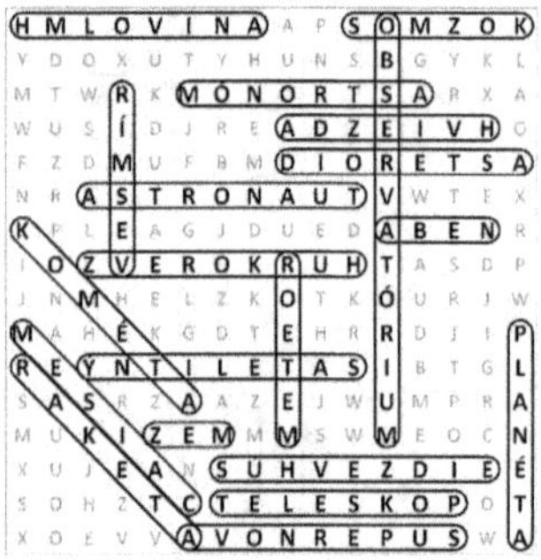

17 - Ballett

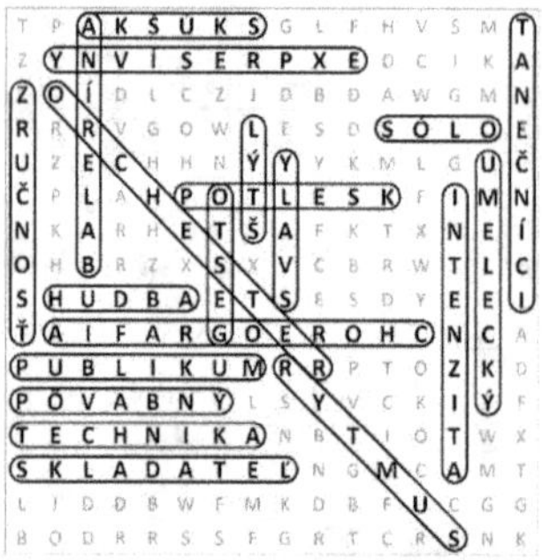

18 - Geologie

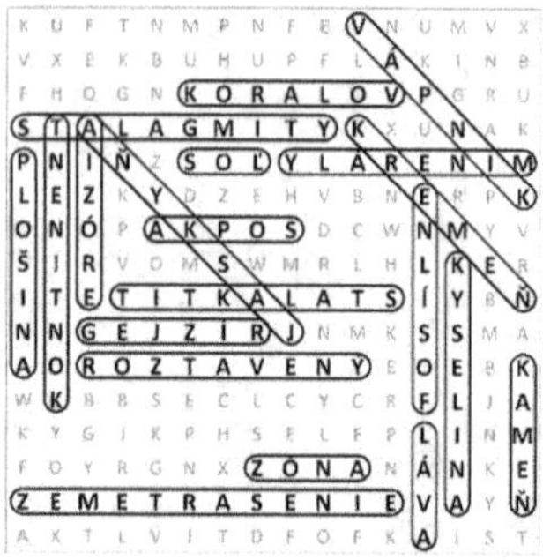

19 - Wissenschaft

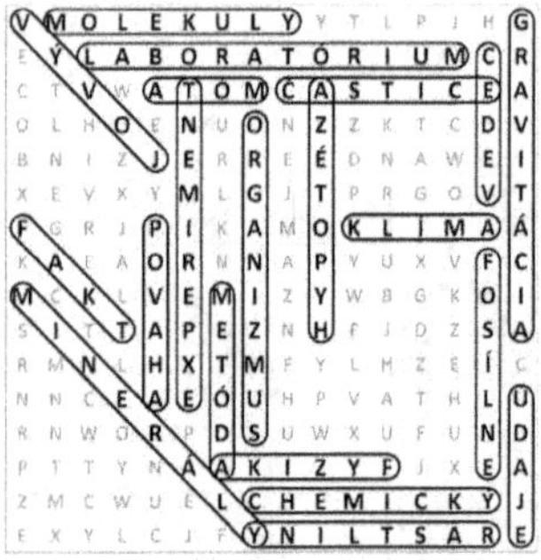

20 - Sport

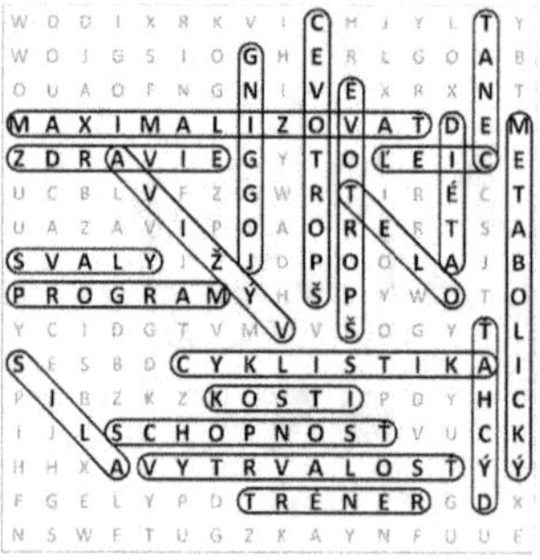

21 - Mythologie

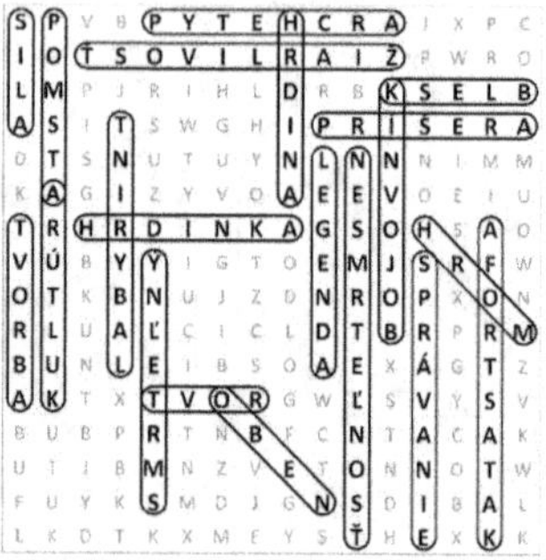

22 - Restaurant #2

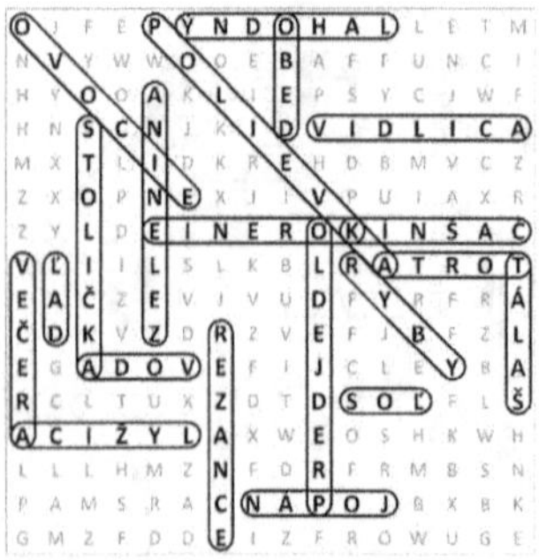

23 - Ökologie

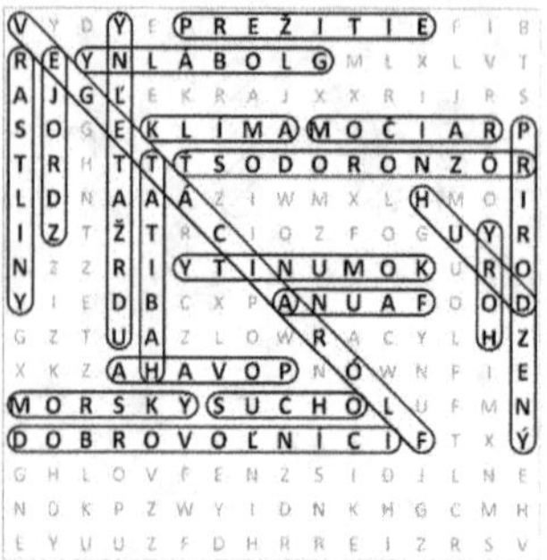

24 - Schokolade

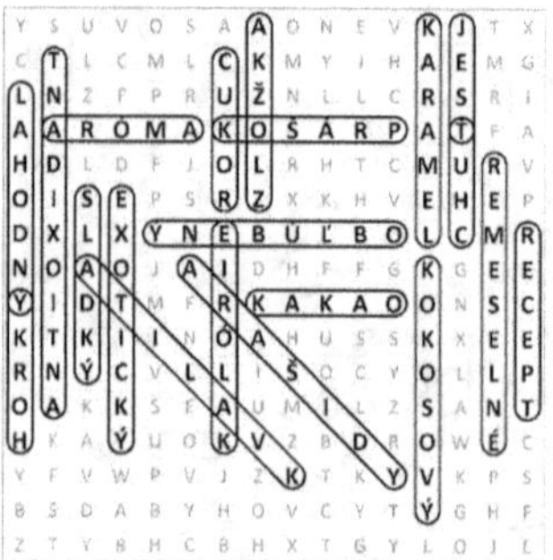

25 - Boote

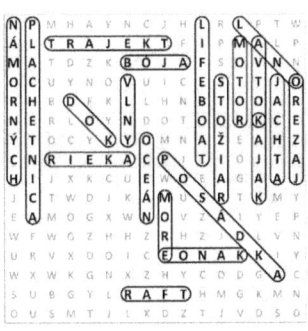

26 - Stadt

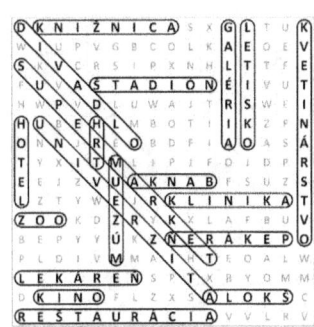

27 - Aktivitäten

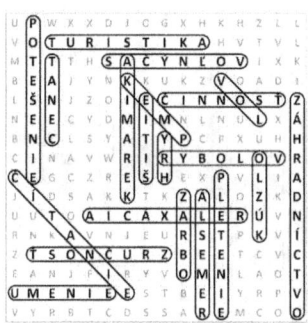

28 - Bienen

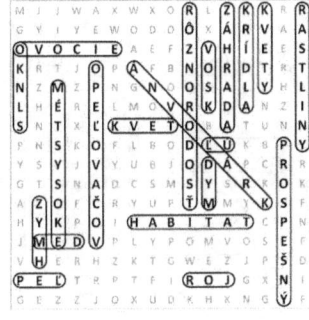

29 - Wissenschaftliche

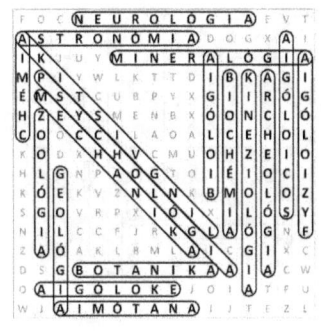

30 - Vögel

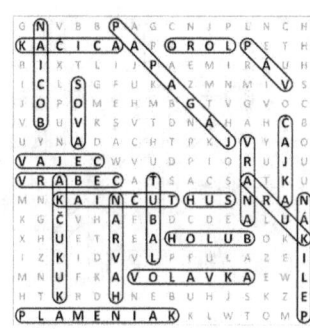

31 - Biologie

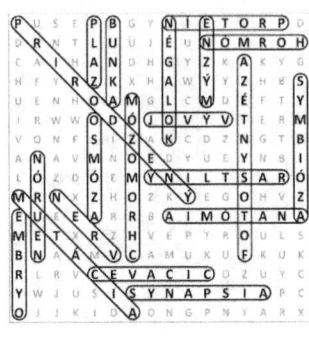

32 - Elektrizität

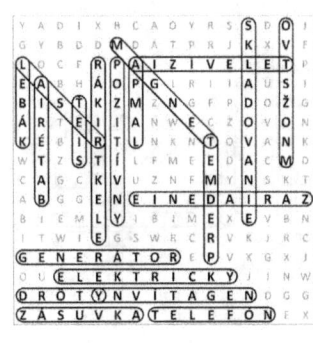

33 - Garten

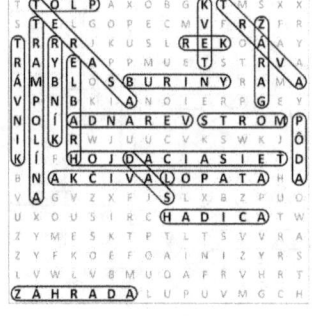

34 - Antarktis

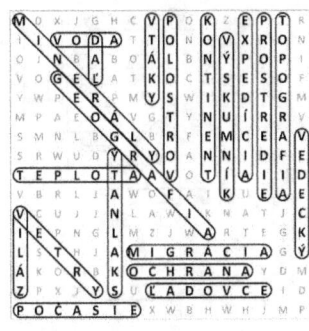

35 - Fahren

36 - Physik

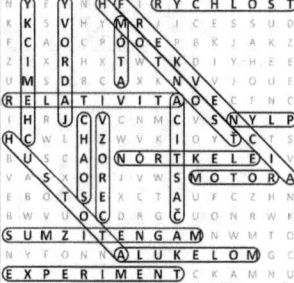

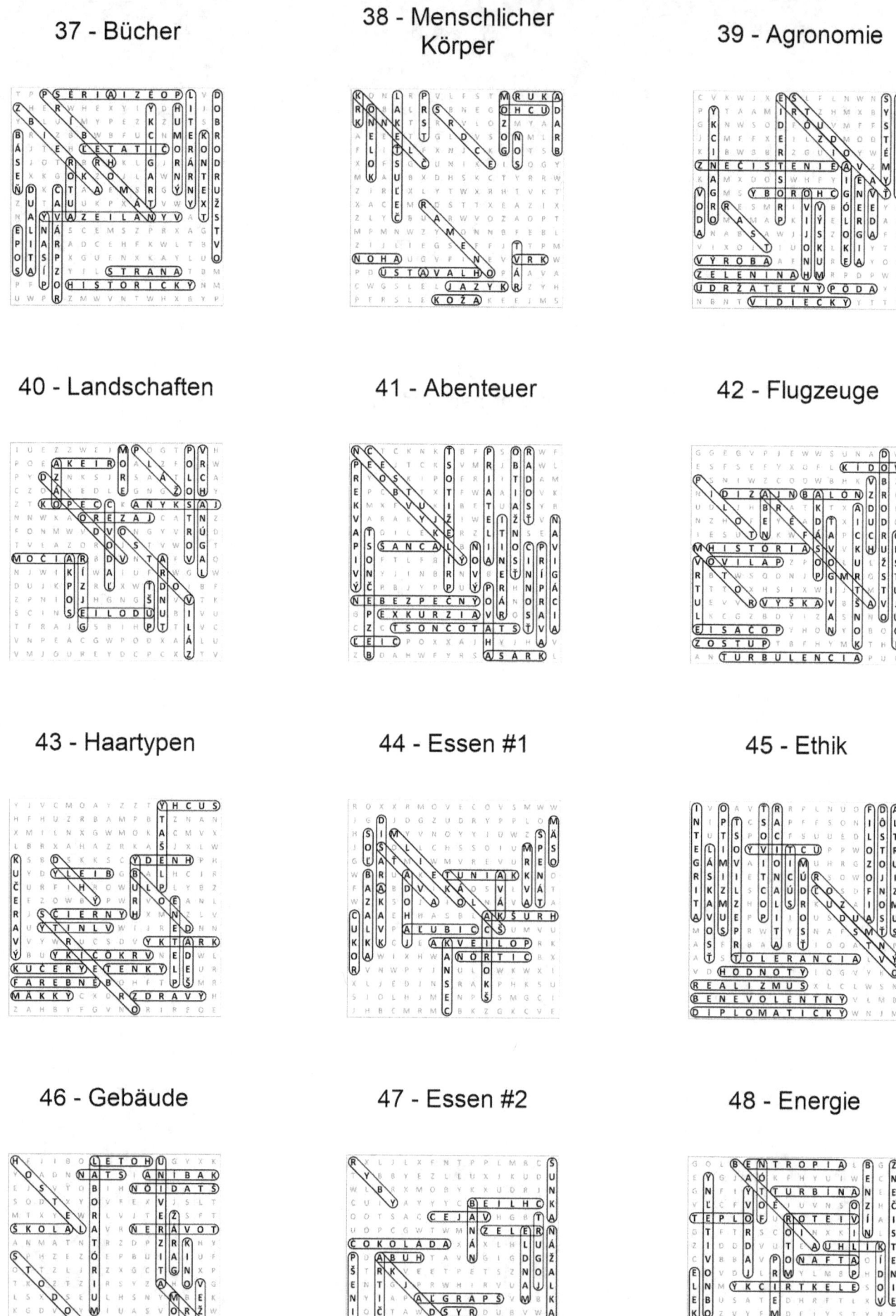

37 - Bücher

38 - Menschlicher Körper

39 - Agronomie

40 - Landschaften

41 - Abenteuer

42 - Flugzeuge

43 - Haartypen

44 - Essen #1

45 - Ethik

46 - Gebäude

47 - Essen #2

48 - Energie

49 - Familie

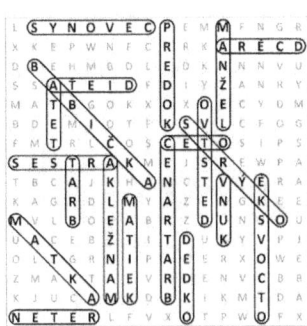

50 - Pflanzen

51 - Kunst

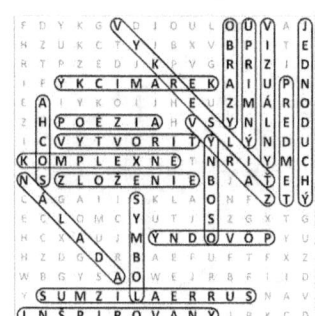

52 - Kreativität

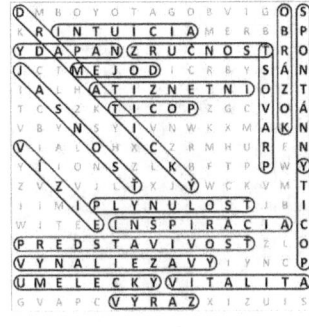

53 - Geschäft

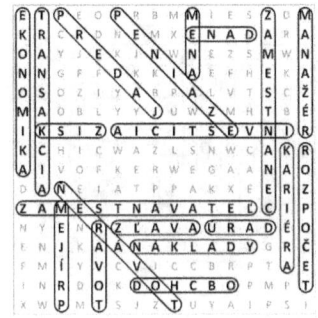

54 - Ingenieurwesen

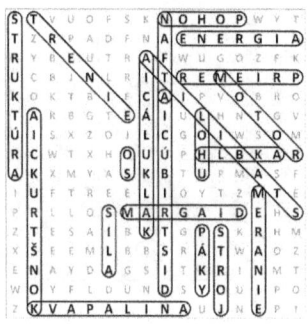

55 - Kaffee

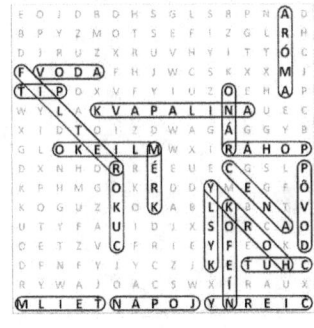

56 - Gemüse

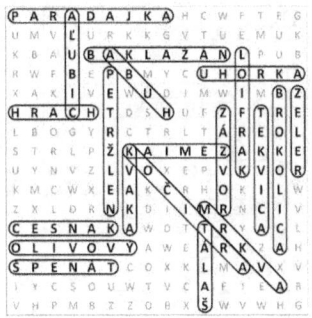

57 - Schönheit

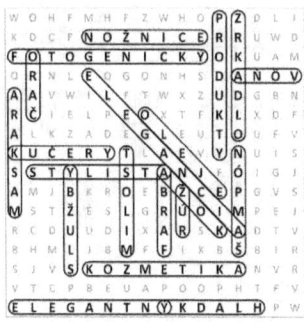

58 - Tanzen

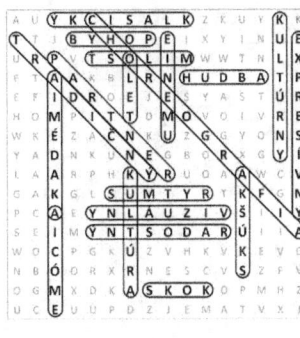

59 - Ernährung

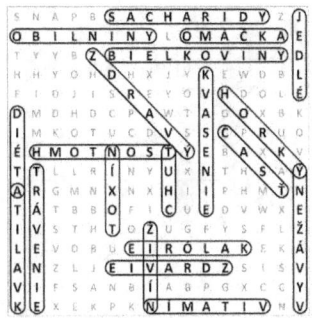

60 - Länder #1

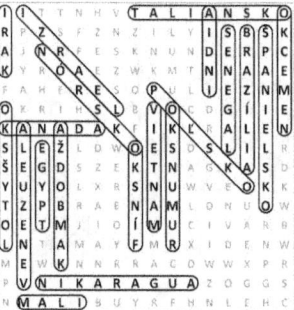

61 - Science Fiction

FANTASTICKY
TAJOMNÝ
KINO
DYSTOPIA
GALAXIA
SCENÁR
FUTURISTICKY
ROBOTY
REALISTICKY

62 - Literatur

POP
ANALÓGIA
METAFORA
ROMÁN
RYTMUS
ROZPRÁVAČE
POETICKY
TRAGÉDIA
ANALÝZA

63 - Wandern

KAMENE
ADOV
ÝKOVID
OKNLS
AICATNEIRO
EISAČOP

64 - Globale Erwärmung

ENERGIA
YKCITKRA
TEPLOTY
PLYNV KRIZA
KLIMA
PRIEMYSEL
VLÁDA BIOTOP
LEGISLATÍVA

65 - Länder #2

ALBÁNSKO
MEXIKOKSZÚCNARF
SOAL
GRÉCKO
ADNAGU
AIRÉBIL
JAMAJKA

66 - Fahrzeuge

SUBOTUA
VLAK
MOTOR
NÁVARAK
TRAJEKT
VRTUĽNÍK
BICYKEL
PNEUMATIKY
METRO

67 - Musikinstrumente

TROMBÓN
VIOLONČELO
KLAVÍRA
SAXOFÓN
ZVONKOHRA
MANDOLÍNA
KLARINET
BUBON
PERKUSIE GONG

68 - Blumen

EDIHCRO
MAGNÓLIA
AKNOVIP
NIMZA
ANILETADA
AĽUDNAVEL
MAK
KETŠIB
DIVOKY
GARDÉNIA

69 - Natur

EROZIA
OBLAKY
ATAREIVZ
TSÚP
DIVOKY
HMLA
EITSIL
ĽADOVEC

70 - Urlaub #2

AICÁRUATSER
VOĽNÝ ČAS
CESTA
PLÁT
CUDZINEC

71 - Barbecues

ANINE LEZ
OMÁČKA
HLAD
UEICOVORODINA
VARENIE
HORÚCI

72 - Küche

AKČINZARM
LYŽICE
RÁHOP
GRIL
GOLDEJ
KANVICA
MISKA
YKČILAP

73 - Geographie

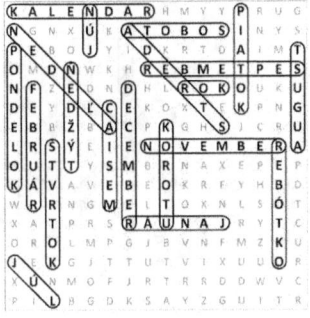

74 - Zahlen

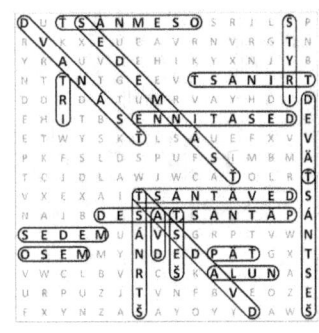

75 - Kunst Liefert

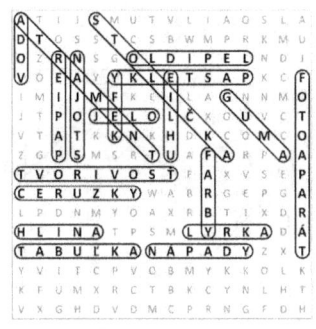

76 - Tage und Monate

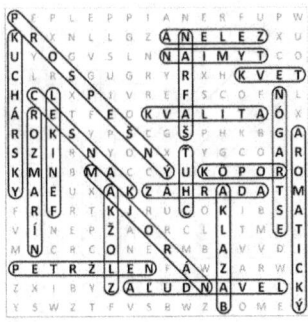

77 - Emotionen

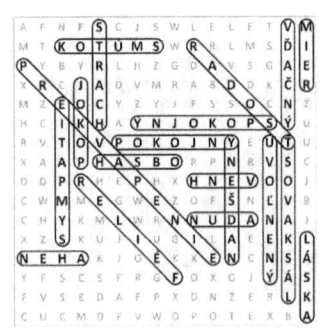

78 - Das Unternehmen

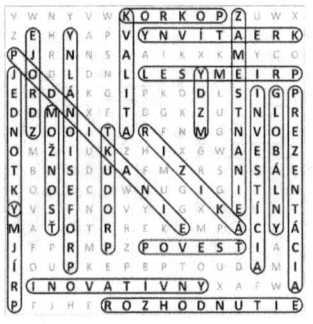

79 - Kräuterkunde

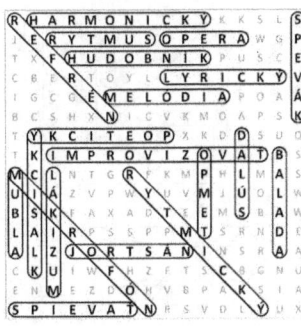

80 - Aktivitäten und Freizeit

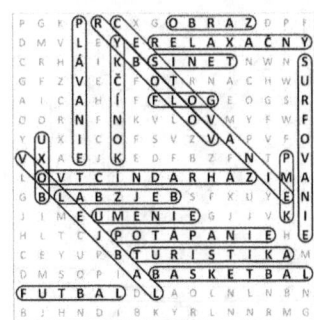

81 - Formen

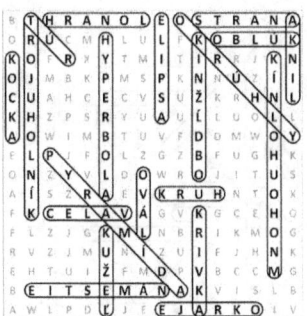

82 - Musik

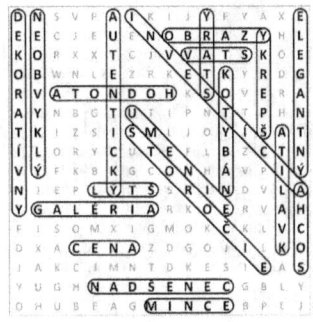

83 - Antiquitäten

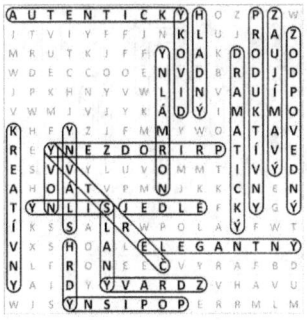

84 - Adjektive #2

85 - Kleidung

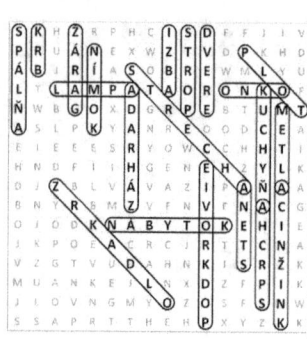

86 - Haus

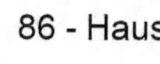

87 - Bauernhof #1

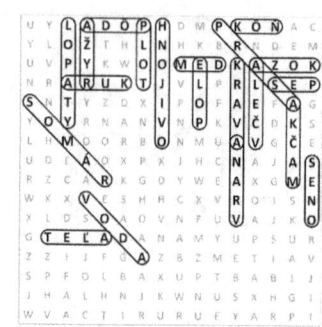

88 - Regierung

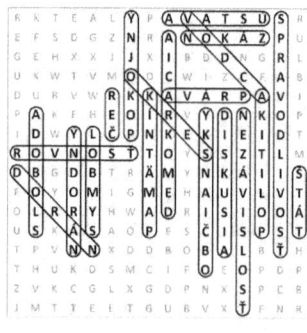

89 - Berufe #1

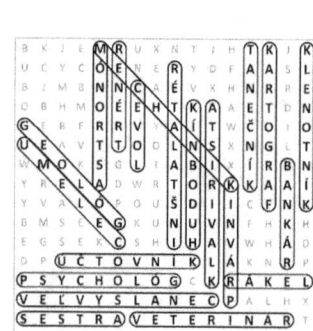

90 - Adjektive #1

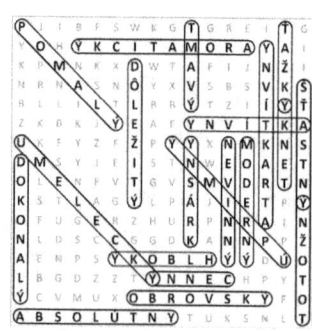

91 - Geometrie

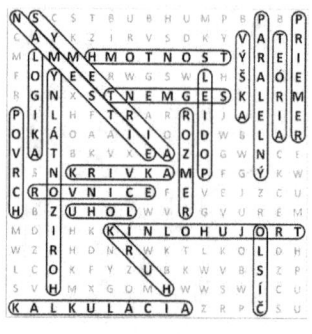

92 - Jazz

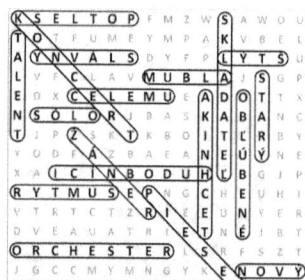

93 - Mathematik

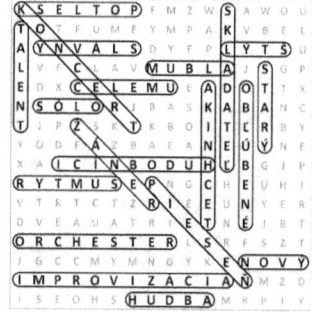

94 - Boxen

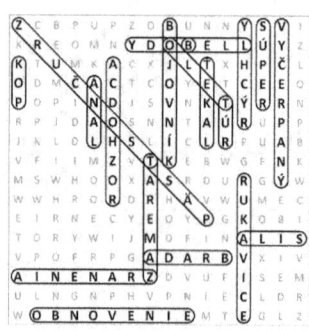

95 - Psychologie

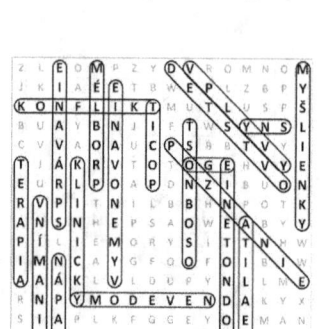

96 - Bauernhof #2

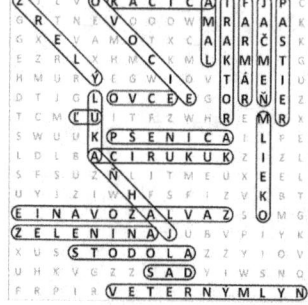

97 - Gartenarbeit

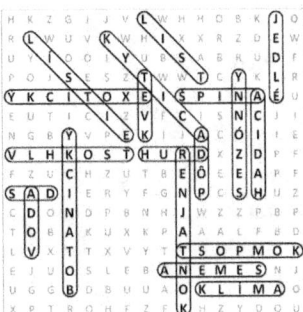

98 - Berufe #2

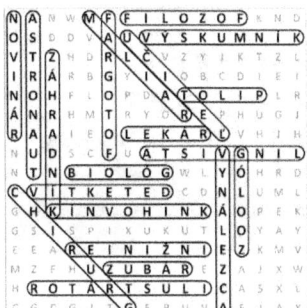

99 - Wetter

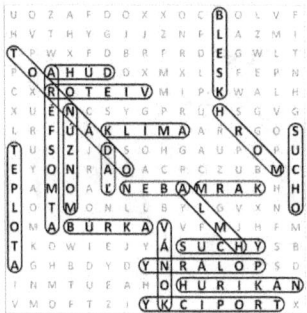

100 - Chemie

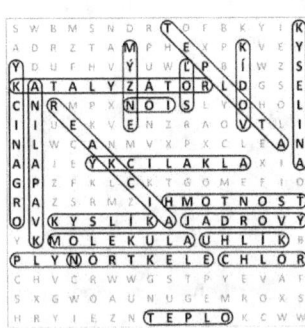

Wörterbuch

Abenteuer
Dobrodružstvo

Aktivität	Činnosť
Ausflug	Exkurzia
Chance	Šanca
Freude	Radosť
Freunde	Priatelia
Gefährlich	Nebezpečný
Gelegenheit	Príležitosť
Natur	Povaha
Navigation	Navigácia
Neu	Nový
Reisen	Cestuje
Route	Itinerár
Schönheit	Krása
Schwierigkeit	Obtiažnosť
Sicherheit	Bezpečnosť
Tapferkeit	Statočnosť
Ungewöhnlich	Neobvyklý
Überraschend	Prekvapivý
Vorbereitung	Príprava
Ziel	Cieľ

Adjektive #1
Prídavné Mená #1

Absolut	Absolútny
Aktiv	Aktívny
Aromatisch	Aromatický
Attraktiv	Atraktívny
Dunkel	Tmavý
Dünn	Tenký
Ehrlich	Úprimný
Glücklich	Šťastný
Identisch	Totožný
Künstlerisch	Umelecký
Langsam	Pomalý
Modern	Moderný
Perfekt	Dokonalý
Riesig	Obrovský
Schön	Krásny
Schwer	Ťažký
Tief	Hlboký
Unschuldig	Nevinný
Wertvoll	Cenný
Wichtig	Dôležitý

Adjektive #2
Prídavné Mená #2

Authentisch	Autentický
Berühmt	Slávny
Beschreibend	Popisný
Dramatisch	Dramatický
Elegant	Elegantný
Essbar	Jedlé
Frisch	Čerstvý
Gesund	Zdravý
Hungrig	Hladný
Interessant	Zaujímavy
Kreativ	Kreatívny
Natürlich	Prirodzený
Neu	Nový
Normal	Normálny
Produktiv	Produktívny
Salzig	Slaný
Stark	Silný
Stolz	Hrdý
Verantwortlich	Zodpovedný
Wild	Divoký

Agronomie
Agronómia

Boden	Pôda
Dünger	Hnojivo
Energie	Energia
Erosion	Erózia
Forschung	Výskum
Gemüse	Zelenina
Krankheit	Choroby
Ländlich	Vidiecky
Nachhaltig	Udržateľný
Organisch	Organický
Ökologie	Ekológia
Pflanzen	Rastliny
Produktion	Výroba
Studie	Študovať
Systeme	Systémy
Umwelt	Prostredie
Verschmutzung	Znečistenie
Wachstum	Rast
Wasser	Voda
Wissenschaft	Veda

Aktivitäten
Činnosti

Aktivität	Činnosť
Angeln	Rybolov
Camping	Kemp
Entspannung	Relaxácia
Fähigkeit	Zručnosť
Freizeit	Voľný Čas
Gartenarbeit	Záhradníctvo
Gemälde	Obraz
Jagd	Lov
Keramik	Keramika
Kunst	Umenie
Kunsthandwerk	Remeslá
Lesen	Čítanie
Magie	Kúzlo
Nähen	Šitie
Spiele	Hry
Stricken	Pletenie
Tanzen	Tanec
Vergnügen	Potešenie
Wandern	Turistika

Aktivitäten und Freizeit
Aktivity a Voľný Čas

Angeln	Rybolov
Baseball	Bejzbal
Basketball	Basketbal
Boxen	Boxu
Camping	Kemp
Entspannend	Relaxačný
Fussball	Futbal
Gartenarbeit	Záhradníctvo
Gemälde	Obraz
Golf	Golf
Hobbies	Koníčky
Kunst	Umenie
Reise	Cestovanie
Schwimmen	Plávanie
Surfen	Surfovanie
Tauchen	Potápanie
Tennis	Tenis
Volleyball	Volejbal
Wandern	Turistika

Algebra
Algebra

Bruchteil	Zlomok
Diagramm	Diagram
Exponent	Exponent
Faktor	Faktor
Falsch	Falošný
Formel	Vzorec
Gleichung	Rovnice
Linear	Lineárny
Lösen	Vyriešiť
Lösung	Riešenie
Matrix	Matica
Menge	Množstvo
Null	Nula
Nummer	Číslo
Problem	Problém
Subtraktion	Odčítanie
Summe	Súčet
Unendlich	Nekonečný
Variable	Premenný
Vereinfachen	Zjednodušiť

Antarktis
Antarktída

Bucht	Záliv
Eis	Ľad
Erhaltung	Ochrana
Expedition	Expedícia
Felsig	Skalnatý
Forscher	Výskumník
Geographie	Geografia
Gletscher	Ľadovce
Halbinsel	Polostrov
Kontinent	Kontinent
Migration	Migrácia
Mineralien	Minerály
Temperatur	Teplota
Topographie	Topografia
Umwelt	Prostredie
Vögel	Vtáky
Wasser	Voda
Wetter	Počasie
Wind	Vetry
Wissenschaftlich	Vedecký

Antiquitäten
Starožitnosťami

Alt	Starý
Authentisch	Autentický
Dekorativ	Dekoratívny
Elegant	Elegantný
Enthusiast	Nadšenec
Galerie	Galéria
Gemälde	Obrazy
Investition	Investícia
Jahrhundert	Storočie
Kunst	Umenie
Möbel	Nábytok
Münzen	Mince
Preis	Cena
Qualität	Kvalita
Schmuck	Šperky
Skulptur	Socha
Stil	Štýl
Ungewöhnlich	Neobvyklý
Wert	Hodnota
Zustand	Stav

Archäologie
Archeológia

Analyse	Analýza
Antiquität	Staroveku
Auswertung	Hodnotenie
Ära	Éra
Experte	Odborník
Forscher	Výskumník
Fossil	Fosílne
Geheimnis	Tajomstvo
Grab	Hrob
Knochen	Kosti
Mannschaft	Tím
Nachkomme	Potomok
Objekte	Predmet
Professor	Profesor
Relikt	Relikvia
Tempel	Chrám
Unbekannt	Neznámy
Vergessen	Zabudnutý
Zivilisation	Civilizácia

Astronomie
Astronómia

Asteroid	Asteroid
Astronaut	Astronaut
Astronom	Astronóm
Erde	Zem
Himmel	Neba
Komet	Kométa
Konstellation	Súhvezdie
Kosmos	Kozmos
Meteor	Meteor
Mond	Mesiac
Nebel	Hmlovina
Observatorium	Observatórium
Planet	Planéta
Rakete	Raketa
Satellit	Satelitný
Stern	Hviezda
Supernova	Supernova
Teleskop	Teleskop
Tierkreis	Zverokruh
Universum	Vesmír

Ballett
Baletné

Anmutig	Pôvabný
Applaus	Potlesk
Ausdrucksvoll	Expresívny
Ballerina	Balerína
Choreographie	Choreografia
Fähigkeit	Zručnosť
Geste	Gesto
Intensität	Intenzita
Komponist	Skladateľ
Künstlerisch	Umelecký
Musik	Hudba
Muskel	Svaly
Orchester	Orchester
Probe	Skúška
Publikum	Publikum
Rhythmus	Rytmus
Solo	Sólo
Stil	Štýl
Tänzer	Tanečníci
Technik	Technika

Barbecues
Grilovanie

Abendessen	Večera
Familie	Rodina
Frucht	Ovocie
Gabeln	Vidličky
Gemüse	Zelenina
Grill	Gril
Heiss	Horúci
Huhn	Kura
Hunger	Hlad
Kinder	Deti
Kochen	Varenie
Messer	Nože
Mittagessen	Obed
Musik	Hudba
Pfeffer	Paprika
Salate	Šaláty
Salz	Soľ
Sommer	Leto
Sosse	Omáčka
Spiele	Hry

Bauernhof #1
Farma #1

Biene	Včela
Dünger	Hnojivo
Esel	Somár
Feld	Pole
Heu	Seno
Honig	Med
Huhn	Kura
Hund	Pes
Kalb	Teľa
Katze	Mačka
Krähe	Vrana
Kuh	Krava
Land	Pôda
Pferd	Kôň
Reis	Ryža
Schaufeln	Lopaty
Schwein	Prasa
Wasser	Voda
Zaun	Plot
Ziege	Koza

Bauernhof #2
Farma # 2

Bauer	Farmár
Bewässerung	Zavlažovanie
Bienenstock	Úľ
Ente	Kačica
Frucht	Ovocie
Gemüse	Zelenina
Gerste	Jačmeň
Lama	Lama
Lamm	Jahňa
Mais	Kukurica
Milch	Mlieko
Obstgarten	Sad
Reif	Zrelý
Schaf	Ovce
Schäfer	Pastier
Scheune	Stodola
Traktor	Traktor
Weizen	Pšenica
Wiese	Lúka
Windmühle	Veterný Mlyn

Berufe #1
Profesie #1

Arzt	Lekár
Astronom	Astronóm
Bankier	Bankár
Botschafter	Veľvyslanec
Buchhalter	Účtovník
Geologe	Geológ
Jäger	Lovec
Juwelier	Klenotník
Kartograph	Kartograf
Klempner	Inštalatér
Krankenschwester	Sestra
Künstler	Umelec
Mechaniker	Mechanik
Musiker	Hudobník
Pianist	Klavirista
Psychologe	Psychológ
Rechtsanwalt	Právnik
Tänzer	Tanečník
Tierarzt	Veterinár
Trainer	Tréner

Berufe #2
Profesie #2

Arzt	Lekár
Astronaut	Astronaut
Bibliothekar	Knihovník
Biologe	Biológ
Chirurg	Chirurg
Detektiv	Detektív
Erfinder	Vynálezca
Forscher	Výskumník
Fotograf	Fotograf
Gärtner	Záhradník
Illustrator	Ilustrátor
Ingenieur	Inžinier
Journalist	Novinár
Lehrer	Učiteľ
Linguist	Lingvista
Maler	Maliar
Philosoph	Filozof
Pilot	Pilot
Zahnarzt	Zubár
Zoologe	Zoológ

Bienen
Včely

Bestäuber	Opeľovačov
Bienenkorb	Úľ
Blumen	Kvety
Blüte	Kvet
Flügel	Krídla
Frucht	Ovocie
Garten	Záhrada
Honig	Med
Insekt	Hmyz
Königin	Kráľovná
Lebensraum	Habitat
Ökosystem	Ekosystém
Pflanzen	Rastliny
Pollen	Peľ
Rauch	Dym
Schwarm	Roj
Sonne	Slnko
Vielfalt	Rôznorodosť
Vorteilhaft	Prospešný
Wachs	Vosk

Biologie
Biológia

Anatomie	Anatómia
Chromosom	Chromozóm
Embryo	Embryo
Enzym	Enzým
Evolution	Vývoj
Hormon	Hormón
Kollagen	Kolagén
Mutation	Mutácia
Natürlich	Prirodzený
Nerv	Nerv
Neuron	Neurón
Osmose	Osmóza
Pflanzen	Rastliny
Photosynthese	Fotosyntéza
Protein	Proteín
Reptil	Plaz
Säugetier	Cicavec
Symbiose	Symbióza
Synapse	Synapsia
Zelle	Bunka

Blumen
Kvety

Blütenblatt	Lístok
Gardenie	Gardénia
Gänseblümchen	Sedmokráska
Hibiskus	Ibištek
Jasmin	Jazmín
Klee	Ďatelina
Lavendel	Levanduľa
Lila	Orgován
Lilie	Ľalia
Löwenzahn	Púpava
Magnolie	Magnólia
Mohn	Mak
Orchidee	Orchidea
Pfingstrose	Pivonka
Plumeria	Plumeria
Rose	Ruža
Sonnenblume	Slnečnica
Strauss	Kytica
Tulpe	Tulipán

Boote
Lode

Anker	Kotva
Boje	Bója
Crew	Posádka
Dock	Dok
Fähre	Trajekt
Floss	Raft
Fluss	Rieka
Kajak	Kajak
Kanu	Kanoe
Mast	Stožiar
Meer	More
Motor	Motor
Nautisch	Námorných
Ozean	Oceán
Rettungsboot	Lifeboat
See	Jazero
Segelboot	Plachetnica
Seil	Lano
Wellen	Vlny
Yacht	Jachta

Boxen
Boxovanie

Ecke	Rút
Ellbogen	Lakeť
Erschöpft	Vyčerpaný
Faust	Päsť
Fähigkeit	Zručnosť
Fokus	Zamerať
Gegner	Súper
Glocke	Bell
Handschuhe	Rukavice
Kämpfer	Bojovník
Kick	Kop
Kinn	Brada
Körper	Telo
Punkte	Body
Recovery	Obnovenie
Schiedsrichter	Rozhodca
Schnell	Rýchly
Seile	Laná
Stärke	Sila
Verletzungen	Zranenia

Bücher
Knihy

Abenteuer	Dobrodružstvo
Autor	Autor
Dualität	Dualita
Episch	Epos
Erfinderisch	Vynaliezavý
Erzähler	Rozprávač
Gedicht	Báseň
Geschichte	Príbeh
Geschrieben	Písaný
Historisch	Historický
Humorvoll	Humorný
Kollektion	Zbierka
Kontext	Kontext
Leser	Čitateľ
Literarisch	Literárny
Poesie	Poézia
Roman	Román
Seite	Strana
Serie	Séria
Tragisch	Tragický

Camping
Kempovanie

Abenteuer	Dobrodružstvo
Bäume	Stromy
Berg	Vrch
Feuer	Oheň
Hängematte	Hojdacia Sieť
Hut	Klobúk
Insekt	Hmyz
Jagd	Lov
Kabine	Kabína
Kanu	Kanoe
Karte	Mapa
Kompass	Kompas
Mond	Mesiac
Natur	Povaha
See	Jazero
Seil	Lano
Spass	Zábava
Tiere	Zvieratá
Wald	Les
Zelt	Stan

Chemie
Chémia

Alkalisch	Alkalický
Chlor	Chlór
Elektron	Elektrón
Enzym	Enzým
Flüssigkeit	Kvapalina
Gas	Plyn
Gewicht	Hmotnosť
Hitze	Teplo
Ion	Ión
Katalysator	Katalyzátor
Kohlenstoff	Uhlík
Molekül	Molekula
Nuklear	Jadrový
Organisch	Organický
Reaktion	Reakcia
Salz	Soľ
Sauerstoff	Kyslík
Säure	Kyselina
Temperatur	Teplota
Wasserstoff	Vodík

Das Unternehmen
Spoločnosť

Beschäftigung	Zamestnanie
Einheiten	Jednotky
Einnahmen	Príjmy
Entscheidung	Rozhodnutie
Fortschritt	Pokrok
Geschäft	Podnikanie
Global	Globálny
Industrie	Priemysel
Innovativ	Inovatívny
Investition	Investícia
Kreativ	Kreatívny
Löhne	Mzdy
Möglichkeit	Možnosť
Präsentation	Prezentácia
Produkt	Produkt
Professionell	Profesionálny
Qualität	Kvalita
Ressourcen	Zdroje
Risiken	Riziká
Ruf	Povesť

Diplomatie
Diplomacie

Auflösung	Rozhodnutie
Ausländisch	Zahraničný
Berater	Poradca
Botschafter	Veľvyslanec
Bürger	Občania
Diplomatisch	Diplomatický
Diskussion	Diskusia
Ethik	Etika
Gemeinschaft	Komunita
Gerechtigkeit	Spravodlivosť
Humanitär	Humanitárny
Integrität	Integrita
Konflikt	Konflikt
Lösung	Riešenie
Politik	Politika
Regierung	Vláda
Sicherheit	Bezpečnosť
Sprachen	Jazyky
Vertrag	Zmluva
Zusammenarbeit	Spolupráca

Elektrizität
Elektrina

Ausrüstung	Zariadenie
Batterie	Batéria
Drähte	Drôty
Elektriker	Elektrikár
Elektrisch	Elektrický
Fernsehen	Televízia
Generator	Generátor
Kabel	Kábel
Lagerung	Skladovanie
Lampe	Lampa
Laser	Laser
Magnet	Magnet
Menge	Množstvo
Negativ	Negatívny
Netzwerk	Sieť
Objekte	Predmet
Positiv	Pozitívny
Steckdose	Zásuvka
Telefon	Telefón

Emotionen
Emócie

Angst	Strach
Aufgeregt	Nadšený
Dankbar	Vďačný
Entspannt	Uvoľnený
Freude	Radosť
Freundlichkeit	Láskavosť
Frieden	Mier
Inhalt	Obsah
Langeweile	Nuda
Liebe	Láska
Relief	Reliéf
Ruhe	Pokoj
Ruhig	Pokojný
Sympathie	Sympatie
Traurigkeit	Smútok
Überraschen	Prekvapenie
Wut	Hnev
Zärtlichkeit	Neha
Zufrieden	Spokojný

Energie
Energia

Batterie	Batéria
Benzin	Benzín
Brennstoff	Palivo
Diesel	Nafta
Elektrisch	Elektrický
Elektron	Elektrón
Entropie	Entropia
Erneuerbar	Obnoviteľný
Hitze	Teplo
Industrie	Priemysel
Kohlenstoff	Uhlík
Motor	Motor
Nuklear	Jadrový
Photon	Fotón
Sonne	Slnko
Turbine	Turbína
Umwelt	Prostredie
Verschmutzung	Znečistenie
Wasserstoff	Vodík
Wind	Vietor

Ernährung
Výživa

Appetit	Chuť
Ausgewogen	Vyvážený
Bitter	Horký
Diät	Diéta
Essbar	Jedlé
Fermentation	Kvasenie
Gesund	Zdravý
Gesundheit	Zdravie
Getreide	Obilniny
Gewicht	Hmotnosť
Kalorien	Kalórie
Kohlenhydrate	Sacharidy
Nährstoff	Živín
Portion	Časť
Proteine	Bielkoviny
Qualität	Kvalita
Sosse	Omáčka
Toxin	Toxín
Verdauung	Trávenie
Vitamin	Vitamín

Essen #1
Jedlo #1

Basilikum	Bazalka
Birne	Hruška
Erdbeere	Jahoda
Erdnuss	Arašid
Fleisch	Mäso
Kaffee	Káva
Karotte	Mrkva
Knoblauch	Cesnak
Milch	Mlieko
Rübe	Kvaka
Saft	Šťava
Salat	Šalát
Salz	Soľ
Spinat	Špenát
Suppe	Polievka
Thunfisch	Tuniak
Zimt	Škorica
Zitrone	Citrón
Zucker	Cukor
Zwiebel	Cibuľa

Essen #2
Jedlo #2

Apfel	Jablko
Artischocke	Artičok
Aubergine	Baklažán
Banane	Banán
Brokkoli	Brokolica
Brot	Chlieb
Ei	Vajec
Fisch	Ryby
Joghurt	Jogurt
Käse	Syr
Kirsche	Čerešňa
Mandel	Mandle
Pilz	Huba
Reis	Ryža
Schinken	Šunka
Schokolade	Čokoláda
Sellerie	Zeler
Spargel	Špargľa
Tomate	Paradajka
Weizen	Pšenica

Ethik
Etický

Altruismus	Altruizmus
Diplomatisch	Diplomatický
Ehrlichkeit	Poctivosť
Freundlichkeit	Láskavosť
Geduld	Trpezlivosť
Integrität	Integrita
Menschheit	Ľudstvo
Mitgefühl	Súcit
Optimismus	Optimizmus
Philosophie	Filozofia
Rationalität	Racionalita
Realismus	Realizmus
Respektvoll	Úctivý
Toleranz	Tolerancia
Vernünftig	Rozumný
Weisheit	Múdrosť
Werte	Hodnoty
Wohlwollend	Benevolentný
Würde	Dôstojnosť
Zusammenarbeit	Spolupráca

Fahren
Šoférovanie

Auto	Auto
Bremsen	Brzdy
Brennstoff	Palivo
Bus	Autobus
Fussgänger	Pešej
Garage	Garáž
Gas	Plyn
Geschwindigkeit	Rýchlosť
Karte	Mapa
Lizenz	Licencia
Lkw	Nákladné Auto
Motor	Motor
Motorrad	Motocykel
Polizei	Polícia
Sicherheit	Bezpečnosť
Transport	Preprava
Tunnel	Tunel
Unfall	Nehoda
Verkehr	Doprava
Vorsicht	Opatrnosť

Fahrzeuge
Vozidlá

Auto	Auto
Boot	Loď
Bus	Autobus
Fahrrad	Bicykel
Fähre	Trajekt
Floss	Raft
Flugzeug	Lietadlo
Hubschrauber	Vrtuľník
Krankenwagen	Ambulancie
Lkw	Nákladné Auto
Motor	Motor
Rakete	Raketa
Reifen	Pneumatiky
Roller	Skúter
Taxi	Taxi
Traktor	Traktor
U-Bahn	Metro
U-Boot	Ponorka
Wohnwagen	Karavána
Zug	Vlak

Familie
Rodinná

Bruder	Brat
Ehefrau	Manželka
Ehemann	Manžel
Enkel	Vnuk
Grossmutter	Babička
Grossvater	Dedko
Kind	Dieťa
Kindheit	Detstvo
Mutter	Matka
Mütterlich	Matiek
Neffe	Synovec
Nichte	Neter
Onkel	Strýko
Schwester	Sestra
Tante	Teta
Tochter	Dcéra
Vater	Otec
Väterlich	Otcovské
Vetter	Bratranec
Vorfahr	Predok

Flugzeuge
Lietadlá

Abenteuer	Dobrodružstvo
Abstieg	Zostup
Atmosphäre	Atmosféra
Ballon	Balón
Brennstoff	Palivo
Crew	Posádka
Design	Dizajn
Geschichte	História
Himmel	Neba
Höhe	Výška
Konstruktion	Konštrukcia
Luft	Vzduch
Motor	Motor
Navigieren	Navigovať
Passagier	Cestujúci
Pilot	Pilot
Propeller	Vrtule
Turbulenz	Turbulencia
Wasserstoff	Vodík
Wetter	Počasie

Formen
Tvary

Bogen	Oblúk
Dreieck	Trojuholník
Ecke	Rút
Ellipse	Elipsa
Hyperbel	Hyperbola
Kanten	Okraje
Kegel	Kužeľ
Kreis	Kruh
Kurve	Krivka
Linie	Linka
Oval	Ovál
Polygon	Mnohouholník
Prisma	Hranol
Pyramide	Pyramída
Quadrat	Námestie
Rechteck	Obdĺžnik
Rund	Okrúhly
Seite	Strana
Würfel	Kocka
Zylinder	Valec

Garten
Záhradný

Bank	Lavička
Baum	Strom
Blume	Kvet
Boden	Pôda
Busch	Ker
Garage	Garáž
Garten	Záhrada
Gras	Tráva
Hängematte	Hojdacia Sieť
Obstgarten	Sad
Rasen	Trávnik
Rechen	Hrable
Schaufel	Lopata
Schlauch	Hadica
Teich	Rybník
Terrasse	Terasa
Trampolin	Trampolína
Unkraut	Buriny
Veranda	Veranda
Zaun	Plot

Gartenarbeit
Záhradníctvo

Art	Druh
Blatt	List
Blüte	Kvet
Boden	Pôda
Botanisch	Botanický
Container	Kontajner
Essbar	Jedlé
Exotisch	Exotický
Feuchtigkeit	Vlhkosť
Klima	Klíma
Kompost	Kompost
Laub	Lístie
Obstgarten	Sad
Saat	Semená
Saisonal	Sezónny
Schlauch	Hadica
Schmutz	Špina
Strauss	Kytica
Wasser	Voda

Gebäude
Budovy

Bauernhof	Farma
Fabrik	Továreň
Garage	Garáž
Haus	Dom
Herberge	Hostel
Hotel	Hotel
Kabine	Kabína
Kino	Kino
Krankenhaus	Nemocnica
Labor	Laboratórium
Museum	Múzeum
Observatorium	Observatórium
Scheune	Stodola
Schule	Škola
Stadion	Štadión
Supermarkt	Supermarket
Theater	Divadlo
Turm	Veža
Universität	Univerzita
Zelt	Stan

Gemüse
Zelenina

Artischocke	Artičok
Aubergine	Baklažán
Blumenkohl	Karfiol
Brokkoli	Brokolica
Erbse	Hrach
Gurke	Uhorka
Ingwer	Zázvor
Karotte	Mrkva
Kartoffel	Zemiak
Knoblauch	Cesnak
Kürbis	Tekvica
Olive	Olivový
Petersilie	Petržlen
Pilz	Huba
Rübe	Kvaka
Salat	Šalát
Sellerie	Zeler
Spinat	Špenát
Tomate	Paradajka
Zwiebel	Cibuľa

Geographie
Geografia

Atlas	Atlas
Äquator	Rovník
Berg	Vrch
Fluss	Rieka
Gebiet	Územie
Hemisphäre	Hemisféra
Insel	Ostrov
Karte	Mapa
Kontinent	Kontinent
Land	Krajina
Längengrad	Logitude
Meer	More
Meridian	Poludník
Norden	Sever
Ozean	Oceán
Region	Región
Stadt	Mesto
Tropen	Trópy
Welt	Svet
West	Západ

Geologie
Geológia

Erdbeben	Zemetrasenie
Erosion	Erózia
Fossil	Fosílne
Geschmolzen	Roztavený
Geysir	Gejzír
Höhle	Jaskyňa
Kalzium	Vápnik
Kontinent	Kontinent
Koralle	Koralov
Lava	Láva
Mineralien	Minerály
Plateau	Plošina
Quarz	Kremeň
Salz	Soľ
Säure	Kyselina
Stalagmiten	Stalagmity
Stalaktit	Stalaktit
Stein	Kameň
Vulkan	Sopka
Zone	Zóna

Geometrie
Geometria

Anteil	Podiel
Berechnung	Kalkulácia
Dimension	Rozmer
Dreieck	Trojuholník
Durchmesser	Priemer
Gleichung	Rovnice
Horizontal	Horizontálny
Höhe	Výška
Kreis	Kruh
Kurve	Krivka
Logik	Logika
Masse	Hmotnosť
Nummer	Číslo
Oberfläche	Povrch
Parallel	Paralelný
Quadrat	Námestie
Segment	Segment
Symmetrie	Symetria
Theorie	Teória
Winkel	Uhol

Geschäft
Podnikanie

Arbeitgeber	Zamestnávateľ
Budget	Rozpočet
Büro	Úrad
Einkommen	Príjem
Fabrik	Továreň
Geld	Peniaze
Geschäft	Obchod
Gewinn	Zisk
Investition	Investícia
Karriere	Kariéra
Kosten	Náklady
Manager	Manažér
Mitarbeiter	Zamestnanec
Rabatt	Zľava
Steuern	Dane
Transaktion	Transakcia
Verkauf	Predaj
Ware	Tovar
Währung	Mena
Wirtschaft	Ekonomika

Gesundheit und Wellness #1
Zdravie a Wellness #1

Aktiv	Aktívny
Apotheke	Lekáreň
Arzt	Lekár
Bakterien	Baktérie
Behandlung	Liečba
Entspannung	Relaxácia
Fraktur	Zlomenina
Gewohnheit	Zvyk
Haut	Koža
Höhe	Výška
Hunger	Hlad
Klinik	Klinika
Knochen	Kosti
Medizin	Medicína
Medizinisch	Lekársky
Nerven	Nervy
Reflex	Reflex
Therapie	Terapia
Verletzung	Zranenie
Virus	Vírus

Gesundheit und Wellness #2
Zdravie a Wellness #2

Allergie	Alergia
Anatomie	Anatómia
Appetit	Chuť
Blut	Krv
Diät	Diéta
Energie	Energia
Genetik	Genetika
Gesund	Zdravý
Gewicht	Hmotnosť
Hygiene	Hygiena
Infektion	Infekcia
Kalorie	Kalórie
Krankenhaus	Nemocnica
Krankheit	Choroba
Massage	Masáž
Risiken	Riziká
Schlafen	Spánok
Sport	Športové
Stress	Stres
Vitamin	Vitamín

Globale Erwärmung
Globálne Oteplovanie

Arktis	Arktický
Aufmerksamkeit	Pozornosť
Bevölkerung	Populácie
Daten	Údaje
Energie	Energia
Entwicklung	Vývoj
Gas	Plyn
Generationen	Generácie
Gesetzgebung	Legislatíva
Industrie	Priemysel
International	Medzinárodný
Jetzt	Teraz
Klima	Klíma
Krise	Kríza
Lebensraum	Biotop
Regierung	Vláda
Temperaturen	Teploty
Umwelt	Ekologický
Wissenschaftler	Vedec
Zukunft	Budúcnosť

Haartypen
Typy Vlasov

Blond	Blond
Braun	Hnedý
Dick	Hrubý
Dünn	Tenký
Farbig	Farebné
Geflochten	Pletené
Gesund	Zdravý
Grau	Šedá
Kahl	Plešatý
Kurz	Krátky
Lang	Dlhý
Locken	Kučery
Lockig	Kučeravý
Schwarz	Čierny
Silber	Striebro
Trocken	Suchý
Weich	Mäkký
Weiss	Biely
Wellig	Vlnitý
Zöpfe	Vrkôčiky

Haus
Dom

Besen	Metla
Bibliothek	Knižnica
Dach	Strecha
Dachboden	Podkrovie
Decke	Strop
Dusche	Sprcha
Fenster	Okno
Garage	Garáž
Garten	Záhrada
Kamin	Krb
Küche	Kuchyňa
Lampe	Lampa
Möbel	Nábytok
Schlafzimmer	Spálňa
Schornstein	Komín
Spiegel	Zrkadlo
Tür	Dvere
Wand	Stena
Zaun	Plot
Zimmer	Izba

Ingenieurwesen
Strojárstvo

Achse	Os
Antrieb	Pohon
Berechnung	Kalkulácia
Diagramm	Diagram
Diesel	Nafta
Durchmesser	Priemer
Energie	Energia
Flüssigkeit	Kvapalina
Hebel	Páky
Konstruktion	Konštrukcia
Maschine	Stroj
Messung	Meranie
Motor	Motor
Reibung	Trenie
Stabilität	Stabilita
Stärke	Sila
Struktur	Štruktúra
Tiefe	Hĺbka
Verteilung	Distribúcia
Winkel	Uhol

Insekten
Hmyz

Ameise	Mravec
Biene	Včela
Blattlaus	Voška
Floh	Blcha
Gottesanbeterin	Mantis
Heuschrecke	Kobylka
Hornisse	Sršeň
Kakerlake	Šváb
Käfer	Chrobák
Larve	Larva
Libelle	Vážka
Marienkäfer	Lienka
Motte	Mor
Mücke	Komár
Schmetterling	Motýľ
Termite	Termit
Wespe	Osa
Wurm	Červ
Zikade	Cikáda

Jazz
Jazz

Album	Album
Alt	Starý
Applaus	Potlesk
Berühmt	Slávny
Favoriten	Obľúbené
Genre	Žáner
Improvisation	Improvizácia
Komponist	Skladateľ
Konzert	Koncert
Künstler	Umelec
Lied	Pieseň
Musik	Hudba
Musiker	Hudobníci
Neu	Nový
Orchester	Orchester
Rhythmus	Rytmus
Solo	Sólo
Stil	Štýl
Talent	Talent
Technik	Technika

Kaffee
Káva

Aroma	Aróma
Bitter	Horký
Creme	Krém
Filter	Filter
Flüssigkeit	Kvapalina
Geschmack	Chuť
Getränk	Nápoj
Koffein	Kofeín
Mahlen	Mlieť
Milch	Mlieko
Morgen	Ráno
Preis	Cena
Sauer	Kyslý
Schwarz	Čierny
Tasse	Pohár
Trinken	Piť
Ursprung	Pôvod
Wasser	Voda
Zucker	Cukor

Kleidung
Oblečenie

Armband	Náramok
Bluse	Blúzka
Gürtel	Pás
Halskette	Náhrdelník
Handschuhe	Rukavice
Hemd	Košeľa
Hose	Nohavice
Hut	Klobúk
Jacke	Bunda
Jeans	Džínsy
Kleid	Šaty
Mantel	Plášť
Mode	Móda
Pullover	Sveter
Rock	Sukňa
Schal	Šál
Schlafanzug	Pyžamá
Schmuck	Šperky
Schuh	Topánka
Schürze	Zástera

Krankheit
Choroba

Abdominal	Brušný
Akut	Akútny
Allergien	Alergie
Ansteckend	Nákazlivý
Atemwege	Dýchací
Bakteriell	Bakteriálny
Chronisch	Chronický
Entzündung	Zápal
Erblich	Dedičný
Genetisch	Genetický
Gesundheit	Zdravie
Herz	Srdce
Immunität	Imunita
Knochen	Kosti
Körper	Telo
Neuropathie	Neuropatia
Schwach	Slabý
Syndrom	Syndróm
Therapie	Terapia
Wellness	Wellness

Kräuterkunde
Bylinkárstvo

Aromatisch	Aromatický
Basilikum	Bazalka
Blume	Kvet
Dill	Kôpor
Estragon	Estragón
Fenchel	Fenikel
Garten	Záhrada
Geschmack	Chuť
Grün	Zelená
Knoblauch	Cesnak
Kulinarisch	Kuchársky
Lavendel	Levanduľa
Majoran	Majorán
Petersilie	Petržlen
Qualität	Kvalita
Rosmarin	Rozmarín
Safran	Šafran
Thymian	Tymian
Vorteilhaft	Prospešný
Zutat	Zložka

Kreativität
Kreativita

Ausdruck	Výraz
Authentizität	Pravosť
Bild	Obrázok
Dramatisch	Dramatický
Eindruck	Dojem
Erfinderisch	Vynaliezavý
Fähigkeit	Zručnosť
Flüssigkeit	Plynulosť
Gefühle	Pocity
Ideen	Nápady
Inspiration	Inšpirácia
Intensität	Intenzita
Intuition	Intuícia
Klarheit	Jasnosť
Künstlerisch	Umelecký
Phantasie	Predstavivosť
Sensation	Pocit
Spontan	Spontánny
Visionen	Vízie
Vitalität	Vitalita

Kunst
Umenie

Ausdruck	Výraz
Ehrlich	Úprimný
Einfach	Jednoduchý
Gegenstand	Predmet
Gemälde	Obrazy
Inspiriert	Inšpirovaný
Keramik	Keramický
Komplex	Komplexné
Original	Pôvodný
Persönlich	Osobný
Poesie	Poézia
Porträtieren	Vykresliť
Schaffen	Vytvoriť
Skulptur	Socha
Stimmung	Nálada
Surrealismus	Surrealizmus
Symbol	Symbol
Visuell	Vizuálny
Zusammensetzung	Zloženie

Kunst Liefert
Umelecké Potreby

Acryl	Akryl
Bleistifte	Ceruzky
Buntstifte	Pastelky
Bürsten	Kefy
Farben	Farby
Holzkohle	Uhlie
Ideen	Nápady
Kamera	Fotoaparát
Kreativität	Tvorivosť
Leim	Lepidlo
Öl	Olej
Papier	Papier
Radiergummi	Guma
Staffelei	Stojan
Stuhl	Stolička
Tabelle	Tabuľka
Tinte	Atrament
Ton	Hlina
Wasser	Voda

Küche
Kuchyňa

Essen	Jedlo
Essstäbchen	Paličky
Gabeln	Vidličky
Gefrierschrank	Mraznička
Gewürze	Korenie
Grill	Gril
Kelle	Naberačka
Krug	Džbán
Kühlschrank	Chladnička
Löffel	Lyžice
Messer	Nože
Ofen	Rúra
Rezept	Recept
Schürze	Zástera
Schüssel	Miska
Schwamm	Hubka
Serviette	Obrúsok
Tassen	Pohár
Wasserkocher	Kanvica

Landschaften
Krajinky

Berg	Vrch
Eisberg	Ľadovec
Fluss	Rieka
Geysir	Gejzír
Golf	Záliv
Halbinsel	Polostrov
Höhle	Jaskyňa
Hügel	Kopec
Insel	Ostrov
Lagune	Lagúna
Meer	More
Oase	Oáza
See	Jazero
Strand	Pláž
Sumpf	Močiar
Tal	Údolie
Tundra	Tundra
Vulkan	Sopka
Wasserfall	Vodopád
Wüste	Púšť

Länder #1
Krajiny #1

Ägypten	Egypt
Brasilien	Brazília
Deutschland	Nemecko
Finnland	Fínsko
Indien	India
Irak	Irak
Israel	Izrael
Italien	Taliansko
Kambodscha	Kambodža
Kanada	Kanada
Lettland	Lotyšsko
Mali	Mali
Nicaragua	Nikaragua
Norwegen	Nórsko
Polen	Poľsko
Rumänien	Rumunsko
Senegal	Senegal
Spanien	Španielsko
Venezuela	Venezuela
Vietnam	Vietnam

Länder #2
Krajiny #2

Albanien	Albánsko
Äthiopien	Etiópia
Frankreich	Francúzsko
Griechenland	Grécko
Haiti	Haiti
Irland	Írsko
Jamaika	Jamajka
Japan	Japonsko
Kenia	Keňa
Laos	Laos
Liberia	Libéria
Mexiko	Mexiko
Nepal	Nepál
Nigeria	Nigéria
Pakistan	Pakistan
Russland	Rusko
Sudan	Sudán
Syrien	Sýria
Uganda	Uganda
Ukraine	Ukrajina

Literatur
Literatúra

Analogie	Analógia
Analyse	Analýza
Anekdote	Anekdota
Autor	Autor
Beschreibung	Popis
Biographie	Životopis
Dialog	Dialóg
Erzähler	Rozprávač
Fiktion	Beletria
Gedicht	Báseň
Metapher	Metafora
Poetisch	Poetický
Reim	Rým
Rhythmus	Rytmus
Roman	Román
Schlussfolgerung	Záver
Stil	Štýl
Thema	Téma
Tragödie	Tragédia
Vergleich	Porovnanie

Mathematik
Matematika

Arithmetik	Aritmetika
Bruchteil	Zlomok
Dezimal	Desatinné
Dreieck	Trojuholník
Durchmesser	Priemer
Exponent	Exponent
Geometrie	Geometria
Gleichung	Rovnice
Kugel	Sféra
Parallel	Paralelný
Parallelogramm	Rovnobežník
Polygon	Mnohouholník
Quadrat	Námestie
Radius	Polomer
Rechteck	Obdĺžnik
Senkrecht	Kolmý
Summe	Súčet
Symmetrie	Symetria
Umfang	Obvod
Winkel	Uhly

Meditation
Meditácia

Annahme	Prijatie
Atmung	Dýchanie
Aufmerksamkeit	Pozornosť
Bewegung	Pohyb
Dankbarkeit	Vďačnosť
Freundlichkeit	Láskavosť
Frieden	Mier
Gedanken	Myšlienky
Geistig	Mentálny
Glück	Šťastie
Klarheit	Jasnosť
Lehre	Učenie
Mitgefühl	Súcit
Musik	Hudba
Natur	Povaha
Perspektive	Perspektíva
Ruhig	Pokojný
Stille	Ticho
Verstand	Myseľ
Wach	Prebudiť

Menschlicher Körper
Ľudské Telo

Bein	Noha
Blut	Krv
Ellbogen	Lakeť
Finger	Prst
Gehirn	Mozog
Gesicht	Tvár
Hals	Krk
Hand	Ruka
Haut	Koža
Herz	Srdce
Kiefer	Čeľusť
Kinn	Brada
Knie	Koleno
Knöchel	Členok
Kopf	Hlava
Mund	Ústa
Nase	Nos
Ohr	Ucho
Schulter	Rameno
Zunge	Jazyk

Musik
Hudba

Album	Album
Ballade	Balada
Chor	Refrén
Harmonie	Súlad
Harmonisch	Harmonický
Improvisieren	Improvizovať
Instrument	Nástroj
Klassisch	Klasický
Lyrisch	Lyrický
Melodie	Melódia
Mikrofon	Mikrofón
Musical	Muzikál
Musiker	Hudobník
Oper	Opera
Poetisch	Poetický
Rhythmisch	Rytmický
Rhythmus	Rytmus
Sänger	Spevák
Singen	Spievať
Tempo	Tempo

Musikinstrumente
Hudobné Nástroje

Banjo	Banjo
Cello	Violončelo
Fagott	Fagot
Flöte	Flauta
Geige	Husle
Gitarre	Gitara
Glockenspiel	Zvonkohra
Gong	Gong
Harfe	Harfa
Klarinette	Klarinet
Klavier	Klavír
Mandoline	Mandolína
Mundharmonika	Harmonika
Oboe	Hoboj
Posaune	Trombón
Saxophon	Saxofón
Schlagzeug	Perkusie
Tamburin	Tamburína
Trommel	Bubon
Trompete	Trúbka

Mythologie
Mytológia

Archetyp	Archetyp
Blitz	Blesk
Donner	Hrom
Eifersucht	Žiarlivosť
Held	Hrdina
Heldin	Hrdinka
Himmel	Nebo
Katastrophe	Katastrofa
Kreation	Tvorba
Kreatur	Tvor
Krieger	Bojovník
Kultur	Kultúra
Labyrinth	Labyrint
Legende	Legenda
Monster	Príšera
Rache	Pomsta
Stärke	Sila
Sterblich	Smrteľný
Unsterblichkeit	Nesmrteľnosť
Verhalten	Správanie

Natur
Príroda

Arktis	Arktický
Berge	Hory
Bienen	Včely
Dynamisch	Dynamický
Erosion	Erózia
Fluss	Rieka
Gletscher	Ľadovec
Heiligtum	Svätyňa
Heiter	Pokojný
Laub	Lístie
Lebenswichtig	Vitálny
Nebel	Hmla
Schönheit	Krása
Tiere	Zvieratá
Tropisch	Tropický
Wald	Les
Wild	Divoký
Wolken	Oblaky
Wüste	Púšť

Obst
Ovocie

Ananas	Ananás
Apfel	Jablko
Aprikose	Marhule
Avocado	Avokádo
Banane	Banán
Beere	Bobule
Birne	Hruška
Brombeere	Černice
Grapefruit	Grapefruit
Himbeere	Malina
Kirsche	Čerešňa
Kiwi	Kivi
Kokosnuss	Kokosový
Melone	Melón
Orange	Oranžový
Papaya	Papája
Pfirsich	Broskyňa
Pflaume	Slivka
Traube	Hrozno
Zitrone	Citrón

Ozean
Oceán

Aal	Úhor
Auster	Ustrice
Boot	Loď
Delfin	Delfín
Fisch	Ryby
Garnele	Krevety
Gezeiten	Príliv
Hai	Žralok
Koralle	Koralov
Krabbe	Krab
Krake	Chobotnica
Qualle	Medúza
Riff	Útes
Salz	Soľ
Schildkröte	Korytnačka
Schwamm	Hubka
Sturm	Búrka
Thunfisch	Tuniak
Wal	Veľryba
Wellen	Vlny

Ökologie
Ekológia

Art	Druh
Berge	Hory
Dürre	Sucho
Fauna	Fauna
Flora	Flóra
Freiwillige	Dobrovoľníci
Gemeinschaft	Komunity
Global	Globálny
Klima	Klíma
Lebensraum	Habitat
Marine	Morský
Nachhaltig	Udržateľný
Natur	Povaha
Natürlich	Prirodzený
Pflanzen	Rastliny
Ressourcen	Zdroje
Sumpf	Močiar
Überleben	Prežitie
Vegetation	Vegetácia
Vielfalt	Rôznorodosť

Pflanzen
Rastliny

Bambus	Bambus
Baum	Strom
Beere	Bobule
Blume	Kvet
Blütenblatt	Lístok
Bohne	Fazuľa
Botanik	Botanika
Busch	Ker
Dünger	Hnojivo
Efeu	Brečtan
Flora	Flóra
Garten	Záhrada
Gras	Tráva
Kaktus	Kaktus
Kraut	Bylina
Laub	Lístie
Moos	Mach
Vegetation	Vegetácia
Wald	Les
Wurzel	Koreň

Philanthropie
Filantropia

Brauchen	Potrebovať
Ehrlichkeit	Poctivosť
Finanzieren	Financie
Gemeinschaft	Komunita
Geschichte	História
Global	Globálny
Grosszügigkeit	Štedrosť
Gruppen	Skupiny
Jugend	Mládež
Kinder	Deti
Kontakte	Kontakty
Menschen	Ľudia
Menschheit	Ľudstvo
Mission	Misia
Mittel	Fondy
Nächstenliebe	Charita
Öffentlich	Verejnosť
Programme	Programy
Spenden	Darovať
Ziele	Ciele

Physik
Fyzika

Atom	Atóm
Beschleunigung	Zrýchlenie
Chaos	Chaos
Chemisch	Chemický
Dichte	Hustota
Elektron	Elektrón
Experiment	Experiment
Formel	Vzorec
Frequenz	Frekvencia
Gas	Plyn
Geschwindigkeit	Rýchlosť
Magnetismus	Magnetizmus
Masse	Hmotnosť
Mechanik	Mechanika
Molekül	Molekula
Motor	Motor
Nuklear	Jadrový
Partikel	Častica
Relativität	Relativita
Universal	Univerzálny

Psychologie
Psychológia

Bewertung	Hodnotenie
Bewusstlos	Nevedomý
Ego	Ego
Einflüsse	Vplyvy
Gedanken	Myšlienky
Ideen	Nápady
Kindheit	Detstvo
Klinisch	Klinický
Kognition	Poznanie
Konflikt	Konflikt
Persönlichkeit	Osobnosť
Problem	Problém
Sensation	Pocit
Termin	Vymenovanie
Therapie	Terapia
Träume	Sny
Unterbewusstsein	Podvedomie
Verhalten	Správanie
Wahrnehmung	Vnímanie
Wirklichkeit	Realita

Regierung
Vláda

Bezirk	Okres
Demokratie	Demokracia
Denkmal	Pamätník
Diskussion	Diskusia
Freiheit	Sloboda
Friedlich	Pokojný
Führer	Vodca
Gerechtigkeit	Spravodlivosť
Gesetz	Zákon
Gleichheit	Rovnosť
Nation	Národ
National	Národný
Politik	Politika
Rechte	Práva
Rede	Reč
Staat	Štát
Symbol	Symbol
Unabhängigkeit	Nezávislosť
Verfassung	Ústava
Zivil	Občiansky

Restaurant #2
Reštaurácia č. 2

Abendessen	Večera
Eis	Ľad
Fisch	Ryby
Frucht	Ovocie
Gabel	Vidlica
Gemüse	Zelenina
Getränk	Nápoj
Gewürze	Korenie
Kellner	Čašník
Köstlich	Lahodný
Kuchen	Torta
Löffel	Lyžica
Mittagessen	Obed
Nudeln	Rezance
Salat	Šalát
Salz	Soľ
Stuhl	Stolička
Suppe	Polievka
Vorspeise	Predjedlo
Wasser	Voda

Säugetiere
Cicavcov

Affe	Opica
Bär	Medveď
Biber	Bobor
Elefant	Slon
Fuchs	Líška
Giraffe	Žirafa
Gorilla	Gorila
Hund	Pes
Känguru	Klokan
Kojote	Kojot
Löwe	Lev
Panther	Panter
Pferd	Kôň
Ratte	Potkan
Schaf	Ovce
Stier	Býk
Tiger	Tiger
Wal	Veľryba
Wolf	Vlk
Zebra	Zebra

Schokolade
Čokoláda

Antioxidans	Antioxidant
Aroma	Aróma
Bitter	Horký
Erdnüsse	Arašidy
Essen	Jesť
Exotisch	Exotický
Favorit	Obľúbený
Geschmack	Chuť
Handwerklich	Remeselné
Kakao	Kakao
Kalorien	Kalórie
Karamell	Karamel
Kokosnuss	Kokosový
Köstlich	Lahodný
Pulver	Prášok
Qualität	Kvalita
Rezept	Recept
Süss	Sladký
Zucker	Cukor
Zutat	Zložka

Schönheit
Krása

Anmut	Milosť
Charme	Čaro
Dienstleistungen	Služby
Duft	Vôňa
Elegant	Elegantný
Eleganz	Elegancia
Farbe	Farba
Fotogen	Fotogenický
Glatt	Hladký
Haut	Koža
Kosmetik	Kozmetika
Lippenstift	Rúž
Locken	Kučery
Öle	Oleje
Produkte	Produkty
Schere	Nožnice
Shampoo	Šampón
Spiegel	Zrkadlo
Stylist	Stylista
Wimperntusche	Maskara

Science Fiction
Science Fiction

Bücher	Knihy
Dystopie	Dystopia
Explosion	Výbuch
Extrem	Extrémny
Fantastisch	Fantastický
Feuer	Oheň
Futuristisch	Futuristický
Galaxie	Galaxia
Geheimnisvoll	Tajomný
Illusion	Ilúzia
Imaginär	Imaginárny
Kino	Kino
Orakel	Oracle
Planet	Planéta
Realistisch	Realistický
Roboter	Roboty
Szenario	Scenár
Technologie	Technológia
Utopie	Utópia
Welt	Svet

Sport
Šport

Athlet	Športovec
Atmen	Dýchať
Ausdauer	Vytrvalosť
Diät	Diéta
Ernährung	Výživa
Fähigkeit	Schopnosť
Gesundheit	Zdravie
Joggen	Jogging
Knochen	Kosti
Körper	Telo
Maximieren	Maximalizovať
Metabolisch	Metabolický
Muskel	Svaly
Programm	Program
Radfahren	Cyklistika
Sport	Športové
Stärke	Sila
Tanzen	Tanec
Trainer	Tréner
Ziel	Cieľ

Stadt
Mesto

Apotheke	Lekáreň
Bank	Banka
Bäckerei	Pekáreň
Bibliothek	Knižnica
Blumenhändler	Kvetinárstvo
Buchhandlung	Kníhkupectvo
Flughafen	Letisko
Galerie	Galéria
Hotel	Hotel
Kino	Kino
Klinik	Klinika
Markt	Trh
Museum	Múzeum
Restaurant	Reštaurácia
Schule	Škola
Stadion	Štadión
Supermarkt	Supermarket
Theater	Divadlo
Universität	Univerzita
Zoo	Zoo

Tage und Monate
Dni a Mesiace

August	August
Dezember	December
Dienstag	Utorok
Donnerstag	Štvrtok
Februar	Február
Freitag	Piatok
Jahr	Rok
Januar	Január
Juli	Júl
Juni	Jún
Kalender	Kalendár
Mittwoch	Streda
Monat	Mesiac
Montag	Pondelok
November	November
Oktober	Október
Samstag	Sobota
September	September
Sonntag	Nedeľa
Woche	Týždeň

Tanzen
Tancujte

Akademie	Akadémia
Anmut	Milosť
Ausdrucksvoll	Expresívny
Bewegung	Pohyb
Choreographie	Choreografia
Emotion	Emócia
Freudig	Radostný
Klassisch	Klasický
Körper	Telo
Kultur	Kultúra
Kulturell	Kultúrny
Kunst	Umenie
Musik	Hudba
Partner	Partner
Probe	Skúška
Rhythmus	Rytmus
Springen	Skok
Traditionell	Tradičný
Visuell	Vizuálny

Universum
Vesmír

Asteroid	Asteroid
Astronom	Astronóm
Astronomie	Astronómia
Atmosphäre	Atmosféra
Äon	Eon
Äquator	Rovník
Dunkelheit	Tma
Galaxie	Galaxia
Hemisphäre	Hemisféra
Himmel	Neba
Himmlisch	Nebeský
Horizont	Horizont
Kosmisch	Kozmický
Längengrad	Logitude
Mond	Mesiac
Orbit	Orbita
Sichtbar	Viditeľný
Sonnenwende	Slnovrat
Teleskop	Teleskop
Tierkreis	Zverokruh

Urlaub #2
Dovolenka #2

Ausländer	Cudzinec
Ausländisch	Zahraničný
Camping	Kemp
Flughafen	Letisko
Freizeit	Voľný Čas
Hotel	Hotel
Insel	Ostrov
Karte	Mapa
Meer	More
Pass	Pas
Reise	Cesta
Restaurant	Reštaurácia
Strand	Pláž
Taxi	Taxi
Transport	Preprava
Urlaub	Dovolenka
Visum	Víza
Zelt	Stan
Ziel	Cieľ
Zug	Vlak

Vögel
Vtákov

Adler	Orol
Ei	Vajec
Ente	Kačica
Eule	Sova
Flamingo	Plameniak
Gans	Hus
Huhn	Kura
Krähe	Vrana
Kuckuck	Kukučka
Möwe	Čajka
Papagei	Papagáj
Pelikan	Pelikán
Pfau	Páv
Pinguin	Tučniak
Rabe	Havran
Reiher	Volavka
Schwan	Labuť
Spatz	Vrabec
Storch	Bocian
Taube	Holub

Wandern
Pešia Turistika

Berg	Vrch
Camping	Kemp
Gipfel	Summit
Karte	Mapa
Klima	Klíma
Klippe	Útes
Müde	Unavený
Natur	Povaha
Orientierung	Orientácia
Parks	Parky
Schwer	Ťažký
Sonne	Slnko
Steine	Kamene
Stiefel	Čižmy
Tiere	Zvieratá
Vorbereitung	Príprava
Wasser	Voda
Wetter	Počasie
Wild	Divoký

Wetter
Počasie

Atmosphäre	Atmosféra
Blitz	Blesk
Brise	Vánok
Donner	Hrom
Dürre	Sucho
Eis	Ľad
Himmel	Neba
Hurrikan	Hurikán
Klima	Klíma
Monsun	Monzún
Nebel	Hmla
Polar	Polárny
Regenbogen	Dúha
Sturm	Búrka
Temperatur	Teplota
Tornado	Tornádo
Trocken	Suchý
Tropisch	Tropický
Wind	Vietor
Wolke	Mrak

Wissenschaft
Veda

Atom	Atóm
Chemisch	Chemický
Daten	Údaje
Evolution	Vývoj
Experiment	Experiment
Fossil	Fosílne
Hypothese	Hypotéza
Klima	Klíma
Labor	Laboratórium
Methode	Metóda
Mineralien	Minerály
Moleküle	Molekuly
Natur	Povaha
Organismus	Organizmus
Partikel	Častice
Pflanzen	Rastliny
Physik	Fyzika
Schwerkraft	Gravitácia
Tatsache	Fakt
Wissenschaftler	Vedec

Wissenschaftliche Disziplinen
Vedecké Disciplíny

Anatomie	Anatómia
Archäologie	Archeológia
Astronomie	Astronómia
Biochemie	Biochémia
Biologie	Biológia
Botanik	Botanika
Chemie	Chémia
Geologie	Geológia
Immunologie	Imunológia
Kinesiologie	Kineziológia
Linguistik	Lingvistika
Mechanik	Mechanika
Mineralogie	Mineralógia
Neurologie	Neurológia
Ökologie	Ekológia
Physiologie	Fyziológia
Psychologie	Psychológia
Soziologie	Sociológia
Thermodynamik	Termodynamika
Zoologie	Zoológia

Zahlen
Čísla

Acht	Osem
Achtzehn	Osemnásť
Dezimal	Desatinné
Drei	Tri
Dreizehn	Trinásť
Fünf	Päť
Fünfzehn	Pätnásť
Neun	Deväť
Neunzehn	Devätnásť
Null	Nula
Sechs	Šesť
Sechzehn	Šestnásť
Sieben	Sedem
Siebzehn	Sedemnásť
Vier	Štyri
Vierzehn	Štrnásť
Zehn	Desať
Zwanzig	Dvadsať
Zwei	Dva
Zwölf	Dvanásť

Zeit
Čas

Gestern	Včera
Heute	Dnes
Jahr	Rok
Jahrhundert	Storočie
Jahrzehnt	Desaťročie
Jährlich	Ročný
Jetzt	Teraz
Kalender	Kalendár
Minute	Minúta
Mittag	Poludnie
Monat	Mesiac
Morgen	Ráno
Nach	Po
Nacht	Noc
Stunde	Hodina
Tag	Deň
Uhr	Hodiny
Vor	Pred
Woche	Týždeň
Zukunft	Budúcnosť

Gratuliere

Sie haben es geschafft !!

Wir hoffen, dass euch dieses Buch genauso viel Spaß gemacht hat wie uns dessen Herstellung. Wir tun unser Bestes, um qualitativ hochwertige Spiele zu erfinden. Diese Rätsel sind auf eine clevere Art und Weise entworfen, damit sie aktiv lernen und daran Vergnügen finden.

Hat ihnen das Buch gefallen ?

Eine einfache Bitte

Unsere Bücher existieren dank der Rezensionen, die sie veröffentlichen. Können sie uns helfen indem sie jetzt eine Meinung hinterlassen ?

Hier ist ein kurzer Link, der Sie zu ihrer Bewertungsseite führt

BestBooksActivity.com/Rezension50

MONSTER HERAUSFÖRDERUNGEN !

Herausförderung 1

Bereit für ihr Bonusspiel? Wir verwenden sie ständig, aber sie sind nicht einfach zu finden. Es sind die Synonyme !

Notieren sie 5 Wörter, die sie in den untenstehenden Rätseln (Nummer 21, 36 und 76) entdeckt haben und versuchen sie für jedes Wort 2 Synonyme zu finden .

Notieren sie 5 Wörter aus **Rätsel 21**

Wörter	Synonym 1	Synonym 2

Notieren sie 5 Wörter aus **Rätsel 36**

Wörter	Synonym 1	Synonym 2

Notieren sie 5 Wörter aus **Rätsel 76**

Wörter	Synonym 1	Synonym 2

Herausförderung 2

Jetzt, wo sie warm sind, notieren sie 5 Wörter, die sie in jedem der untenaufgeführten Rätseln entdeckt haben (Nummer 9, 17 und 25) und versuchen sie für jedes Wort 2 Antonyme zu finden. Wie viele davon können sie binnen 20 Minuten finden ?

Notieren sie 5 Wörter aus **Rätsel 9**

Wörter	Antonym 1	Antonym 2

Notieren sie 5 Wörter aus **Rätsel 17**

Wörter	Antonym 1	Antonym 2

Notieren sie 5 Wörter aus **Rätsel 25**

Wörter	Antonym 1	Antonym 2

Herausförderung 3

Wunderbar, diese Monster Herausförderung 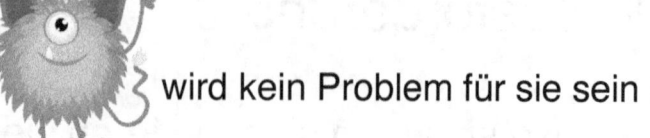 wird kein Problem für sie sein !

Bereit für die letzte Herausförderung? Wählen sie ihre 10 Lieblingswörter aus, die sie in einem Rätsel entdeckt haben und notieren sie sie unten.

1.	6.
2.	7.
3.	8.
4.	9.
5.	10.

Die Aufgabe besteht nun darin mit diesen Wörtern und in maximal sechs Sätzen einen Text herzustellen über eine Person, ein Tier oder ein Ort den sie lieben !

Tipp : sie können die letzten leeren Seiten dieses Buches als Entwurf verwenden

Ihr Schreiben :

NOTIZBUCH :

AUF BALDIGES WIEDERSEHEN !

Linguas Classics